부산의 음식

부산을 담다
팔도를 품다

부산문화재단
사람 · 기술 · 문화
총 **9** 서

부산의 음식

부산을 담다
팔도를 품다

부산문화재단
BUSAN CULTURAL FOUNDATION

목차

총론

9   부산의 정체성과 부산 음식 | 최원준

1부 – 누구나 잘 아는 부산 음식, 그러나 잘 모르는 부산 음식

25   진화하는 부산의 소울푸드 – 돼지국밥 | 박찬일

35   근 · 현대사의 상흔을 품은 부산만의 음식 – 밀면 | 박정배

49   국민 반찬이자 서민 간식, 베이커리화로 변신하다 – 어묵 | 박상현

63   부산의 선어는 더 살아 있다 – 활어회와 선어회 | 이춘호

77   동래파전 먹으러 동래장터 간다 – 동래파전 | 김한근

97   영양가 높은 추억의 구황음식 – 곰장어 | 오지은

113   초량, 돼지 음식의 발상지가 되다 – 초량돼지갈비 | 이 욱

127   길거리에서 부산을 맛보다 – 비빔당면, 물떡, 씨앗호떡 등 – 배길남

2부 – 부산 사람도 잘 모르는 부산 음식

149 부산 추어탕을 보면 부산이 보인다 – 바다 추어탕 | 김준

163 생선으로 갈비 한 번 뜯어 보실라우? – 고갈비, 명갈비 | 반민순

179 배고픔의 설움 달래준 빼떼기죽 – 영도 조내기고구마 | 박희진

191 밥상의 주인공, 해초로 만든 갖가지 음식 – 해초 음식 | 양용진

209 마을 사람들만 숨어서 먹는 게 맛 – 청게, 방게, 밀기 | 김미주

221 생선회, 이런 방법으로 먹어 봤수? – 전어넙데기회, 꼬시래기회쌈 | 나여경

233 바다마을의 대표 잔치음식 – 매집찜 | 김정화

245 붕장어 주낙에 걸려 온 말미잘, 밥상에 오르다 – 말미잘탕 | 김성윤

부록 – 부산 지명, 부산 음식

257 기장미역, 조방낙지, 구포국수, 낙동김, 대변멸치, 산성막걸리, 가덕대구,
가덕숭어, 명지대파, 칠암붕장어 | 박종호

일러두기

- 이 책은 구술자가 사용한 사투리나 말투를 되도록 살려서 실었다.
- 본문은 자료 조사와 인터뷰를 중심으로 구성되어 있다.
- 본문에 기재된 인터뷰 내용은 구술에 의존한 것으로 명확한 사실관계에 의거한 것은 아니다.
- 이 책의 표기에 관해서는 아래의 원칙을 따랐다.

    ▶ 작은따옴표 ('')는 강조의 경우

    ▶ 큰따옴표 (" ")는 직접 대화를 나타내거나 직접 인용 및 강조의 경우

    ▶ 홑낫표 (「」)는 단행본 수록 작품 및 논문의 제목 혹은 그림이나 노래 등 작품 제목

    ▶ 겹낫표 (『』)는 책의 제목

    ▶ 소괄호 (( ))는 저자나 편집자의 보충 설명 혹은 우리말 표기와 원어 표기 병기의 경우

    ▶ 화살괄호 (〈 〉)는 신문, 잡지 등 정기간행물과 영화, 연극, 방송 등 제목 및 기타 명칭

총론

부산의 정체성과 부산 음식

최원준

최원준 | 시인 · 음식문화칼럼니스트

1987년 등단하여 35년째 시를 쓰고 있는 시인이다.
부산지역학인 '부산학'을 공부하고 있으며,
그 일환으로 2005년부터 부산·경남 지역의 음식문화가
그 지역과 지역 사람에게 어떠한 영향을 미쳤는지의 관계를
인문학적 관점에서 연구, 기록하는 작업을 하고 있다.
저서로 시집 『북망』 등 3권, 음식문화 칼럼집 『음식으로 읽는 부산현대사』,
『부산탐식프로젝트』, 『국밥』(공저)' 등과
부산학, 스토리텔링 관련 공저가 다수 있다.

부산의 정체성과 부산 음식

최원준

음식을 보면 한 국가의 역사와 그 민족의 정체성을 읽어 낼 수가 있다. 지역의 풍습과 생활상, 지역 사람들의 기질 또한 들여다보기도 한다. 비록 흔하고 소소한 식재료, 투박한 음식 한 그릇이지만, 이들이 시대를 담는 그릇이라는 점에서 소홀하거나 간과해서는 안 되는 이유이다. 음식 속에 담겨 있는 시대적 담론은 사람의 역사를 만들며 문화인류학의 근간이 된다.

이는 모든 인간의 역사는 음식의 역사와 궤를 같이하고 있기 때문이다. 음식 속에서 인간의 역사, 문화, 정치, 경제 등의 활동을 읽어낼 수가 있다는 뜻이다. 인간의 가장 기초사회인 가정이나 공동체 마을에서 먹어왔던 음식과 음식문화가 향토 음식의 기초가 되며, 음식이 널리 퍼지는 과정에서 국가와 민족을 대변하는 음식이 된다.

필자가 기회가 있을 때마다 강조한 바이지만 음식은 '시대를 담는 그릇'이다. 그만큼 음식을 통한 시대적 통찰은 지대하다. 그 시대의 음식과 음식재료, 음식문화로 그 시대를 읽어낼 수 있고 '음식의 사회학' 또한 파악할 수가 있다. 로마제국 번성기의 음식문화로 로마의 발전상과 화려한 생활상을 읽어내고, 사치스러운 식문화 이면의 사회사 연구로 제국의 멸망을 예측할 수 있었던 점도 한 예로 들 수 있겠다. 중국 청조의 '만한취엔시(滿漢全席)'는 사흘에 걸쳐 180여 가지의 음식을 상에 올리는 음식의 대향연이다. 이 또한 한족과 만주족의 대표 요리를 한 상에 올림으로써, 두 민족의 화합을 상징하는 정치적 의도가 깔려 있었다. 일본의 '와쇼쿠(和食)문화'는 지역공동체문화에 뿌리를 두고 있다. 음식을 차려내고 또 먹는 예절, 만든 이와 먹는 이의 소통을 중시하고, 집단의 공동체문화를 음식을 매개로 결집해낸다. '음식문화'로 사회가 추구하는 관습과 가치관을 단련하는 것이다.

미국의 햄버거는 몽골의 유럽정벌 때 몽골군의 전투식량에서부터 시작하여 러시아의 타타르, 대항해 시대 독일 함부르크의 하크스테이크를 거쳐 미국의 대표적인 패스트푸드 음식으로 자리를 잡았다. 모든 인간은 지역을 구분하지 않고 음식으로 서로 교류, 공유, 발전해 왔다는 의미이다.

이를 보더라도 음식이 한 국가나 민족, 특정 지역의 정체성과 기질을 반영한다는 말이 되는데, 뒤집어보면 그 정체성이나 기질을 들여다보면 특정한 곳의 음식 특성을 읽어낼 수 있다는 뜻이기도 하다.

부산의 정체성 – 개방성, 수용성, 다양성

그러면 우리 부산의 음식은 어떨까? 어떤 특성이 있으며 어떤 역사나 사회상 속에서 발현되고 오늘에 이르고 있을까? 음식으로 부산이라는 지역의 사회상을 어떻게 읽어낼 수가 있을까? 그것은 부산의 '지정학적 특성'과 '시대적 역사성'에서 쉽게 찾아볼 수가 있다.

부산은 예부터 다양한 '외부의 세력과 문화'에 유연한 태도를 보여 왔다. 다른 지역이 문화적 다양성에 보수적이었던 반면, 부산은 수용적 이었던 것. 이는 부산사람들의 자유분방한 성정에서도 기인하지만, 역 사적 지정학적 배경에서도 찾아볼 수가 있다.

지정학적으로는 한반도 남단의 해양을 국경으로 하고 있었기에 해 양문화 수용이 자유로웠다는 점, 역사적으로는 일제강점기, 한국전쟁 등 여러 경로를 통한 인위적이고 다양한 문화 유입이 급속도로 이루어 졌다는 점이 있다.

부산의 근·현대사는 이주의 역사였다. 부산 근대사의 두 축은 내 국인의 동래부와 초량왜관 자리의 일본인 거류지역으로 대별할 수가 있는데, 그중 지금의 원도심을 형성했던 일본인 거류지역은 그 시작부 터가 '이주의 역사'였다.

초량왜관 시절 일본인의 이주가 시작된 이래, 일제강점기에 일본인 의 부산 유입은 급속도로 증가하였다. 조선보다 먼저 근대화를 이룬 일 본의 신문물은 다양한 일본문화와 함께 유입되었다. 해방 이후에는 일 본 귀환동포가, 한국전쟁 때는 피난민이 부산으로 흘러들어왔다.

다시 말해, 부산은 해방 공간과 한국전쟁에 의해 급속하게 팽창된 도시이다. 수많은 피난민이 고향을 버리고 막막하고 신산한 피난살이 를 견뎌야 했다. 그들에게는 모든 것이 부족하고 피폐했는데, 특히 하 루하루를 살아내야 할 기본적인 끼니 해결이 생사를 좌우하는 큰일이 었다.

이들은 값싸고 양을 늘려 먹을 수 있는 식재료를 활용하여 가족들을 건사했는데, 그 시절 탄생했던 음식들이 바로 밀면, 돼지국밥, 구포국수, 부산어묵, 곰장어 등으로 오늘날 부산의 향토음식들이다.

산업화 시대의 부산은 직업을 찾아온 경남, 호남, 제주 사람들로 흘러넘쳤다. 이들과 함께 유입된 이종의 문화와 더불어 식문화도 부산화되었다. 다종다양한 인적 구성과 더불어 각지의 문화와 관습, 음식이 서로 상충하고 융합하는 과정에서 새로운 부산의 문화, 관습, 음식이 발현된 것이다.

부산에서도 쉬 접할 수 있는 제주 지방의 해녀 문화나 전라도 지방을 기반으로 한 남도풍의 음식이 대표적이라 할 수 있겠다. 이렇게 각지의 이주민들과 함께 유입된 이종의 문화와 더불어 식문화도 부산화된다.

일제강점기 때는 대륙침략의 교두보로, 조선수탈의 전진기지로 타의에 의한 근대문물이 유입이 되고, 한국전쟁과 산업화에 의한 집단이주는 여러 지역의 식문화가 '부산'이라는 장소에서 '새로운 부산 음식'으로 재탄생하는 계기가 된다.

그 때문에 이러한 부산의 이주역사가 현재 부산사람들의 정체성과 아울러 '부산의 향토음식'을 형성하는 데 큰 영향을 미치는 요소가 된다. 다양한 지역의 다양한 사람들이 부산으로 들어오면서, 부산은 다양한 문화와 다양한 가치관을 담은 음식들이 한데 섞이고 어우러져, 독특한 부산만의 문화와 정서를 탄생시킨 것이다.

부산사람의 저변에 흐르고 있는 '수용성'과 '개방성', '다양성'이 바로 그것으로, 각지의 이주민들이 각 지역의 문화를 받아들여 부산의 문화로 만들고, 부산의 문화를 개방하여 모든 이와 함께 나누는 것. 이것이 부산사람이 가지는 '부산의 정체성'이다.

부산의 수용성과 개방성, 다양성과 공동체 의식은 현재 우리 부산의 향토음식의 근간을 이루는 데 큰 역할을 담당했다. 이런 과정 속에서 부산의 음식은 부산의 정체성과 부산사람들의 기질을 두루 담고 발전을 하게 된다.

부산 기질론 - 기면 기고 아이면 아이다

그럼 부산의 정체성과 기질은 어떤 특징을 가지고 있을까? 부산은 일제강점기, 한국전쟁 등 여러 역사적 사건을 통해, 다종(多種)의 '외부세력과 문화'를 수용하고 개방해왔다. 때문에 팔도의 사람과 문화가 다양하게 모여 공존하는 곳이 '부산'이다. 그렇기에 이질적인 것도 '부산'에 편입되면 '메이드 인 부산'이 된다.

부산의 '토박이문화'가 '외지 문화의 이질감'과 '외부세력의 위해요소'를 극복하기 위해, 이를 오히려 수용, 동질화한 것이 '부산 정체성의 원형'이다. 이질적인 것을 두려워하지 않고 모든 걸 품어주다 보니 오만 가지의 특질이 반영되고 정착하는 곳이 부산이다.

부산은 '솥 부(釜)'와 '뫼 산(山)', '가마솥의 도시'이다. 그래서인지 모든 지역의 기질들이 부산이라는 가마솥에 들어가기만 하면 펄펄 끓다가 부산이라는 새로운 기질로 재탄생하는 것이다. 오랜 세월 거친 환경과 잦은 침략, 외지인과 이종문화의 대량 유입 속에서 체득한 부산사람들만이 가지는 DNA인 것이다.

타지에 와서 어려운 시절을 함께 헤치며 살았기에, 서로 이해하고 포용하고 함께 생활해야 했던 공간이 부산이었다. 때문에 무뚝뚝한 말투 속에 감춰진 따뜻한 포용력도, 결국 부산에서 함께 살아가야 할 '우리'들이란 동질성이 있기에 그러하다.

'우리가 남이가?', '우리'는 '남'이 아니기 때문이다. 그래서 부산사람들은 한국전쟁 시절 피난민들에게 먹을 것과 입을 것, 잠자리조차 조건 없이 나누었던 것이다. 이러한 부산의 기질이 '공유'와 '배려'라는 특질을 가득 채운 부산의 음식에도 충분히 반영된다.

그러나 부산사람들은 한 번 아니면 절대 아니다. 타협이란 게 없다. 아닌 것은 절대 아닌 것이다. 대신 뜻이 맞으면 '됐나? 됐다!' 하고 금방 뜻을 모은다. 그래서 부산사람들 말처럼 '기면 기고, 아이면 아이다'가 부산사람들의 본질적 성격이다.

그래서 부산사람들은 '부산사람'이라는 묘한 자존심이 있다. 이 자존심에 상처를 입으면 끊임없이 상처받은 자존심을 회복하려 든다. 부글부글 끓는 냄비처럼 일시에 폭발하는 것이다. 이처럼 부산은 역동적이면서도 집단적 응집력이 대단하다.

이러한 기질은 음식에서도 잘 나타난다. 부산음식의 특징은 양념이 강하고, 자극적이면서도 깊은 맛을 내는 것이다. 맵고 짜면서도, 시원하고 진한 풍취를 자아내는 음식이 부산음식이다. 짠 것은 짜고 매운 것은 맵고 시원한 것은 시원해야 한다는 것이다.

'집단감성의 문화'가 '도가니'처럼 펄펄 끓어 넘치는 도시가 부산이다. 이러한 '집단성'과 '포용성'이 부산의 기질 중 주요한 요소이다. '개인'보다 '집단'이, '이기(利己)'보다는 '이타(利他)'가 우선시되는 사회적

약속이 저변에 깔려 있는 것이다.

부산 향토음식의 불편한 진실

'부산'하면 떠오르는 부산의 대표음식이 몇몇 있다. 이를 바탕으로 부산시는 2009년 부산의 향토음식을 선정한 바 있다. 생선회, 동래파전, 흑염소 불고기, 복어요리, 곰장어구이, 붕장어요리, 해물탕, 아구찜, 재첩국, 낙지볶음, 밀면, 돼지국밥, 붕어찜 등 총 13가지다. 향토음식 속에는 그 지역의 역사와 각 시대별 사회상, 지역민들의 기질이 면면히 녹아있다. 그래서 부산의 향토음식 속에 투영된 부산의 정치, 경제, 사회, 문화 등을 되짚어 보면, 지역의 역사적 사건과 사회 전반의 현상을 재미있게 풀어볼 수가 있다.

부산은 일제강점기나 한국전쟁 등으로 인해 도시화가 이루어지는데, 이 시기를 즈음하여 우리 부산의 음식들이 새롭게 조성되고 구체화되기 시작한다. 그 때문에 우리 부산은 여러 경로로 유입된 '먹거리 문화'가 향토음식의 근간이 된다.

그러나 엄밀하게 따지자면 우리 부산이 가지고 있는 고유한 전통음식, 부산의 향토음식은 '동래' 등 일부 지역을 제외하고는 찾아보기 힘들다. '부산의 향토음식'으로 지정된 음식들은 대부분 외부환경에 의해 급속하게 재편된, 타의에 의한 급조된 음식들이다.

'향토음식'이라 함은 그 지역의 사람들이, 그 지역에서 나는 음식 재료로, 그 지역의 환경에 의해 오래도록 길들여진 입맛으로 먹되, 지역

사회 전체가 향토음식으로 공유하는 '자연발생적인 음식'을 뜻한다.

그러나 부산의 고유한 향토음식들은 일제강점기와 한국전쟁을 거치면서 부산 고유의 음식문화를 전승하지 못했다. 한국전쟁 때 음식재료의 절대적 결핍도 한몫했겠지만, 타지역의 음식문화 유입과 수용으로, 부산 고유의 향토음식은 자연스레 여타지역 음식문화와 흡수, 통합의 과정을 거치게 된다.

그리하여 지금의 향토음식들은, 기존의 향토음식들이 재가공 또는 재창조되는 형식으로 새로운 형태의 향토음식이 되었다는 것이다. 아니면 지역 환경과 달리 갑자기 등장했음에도 부산사람들에게 사랑을 받으며 향토음식화되었다는 것이다.

그럼 이러한 부산의 정체성과 부산사람들의 기질을 제대로 반영하고 있는 대표적인 향토음식은 무엇일까? 바로 돼지국밥과 밀면이다.

부산의 정체성이 반영된 소울푸드 - 부산 돼지국밥

'부산 돼지국밥'은 팔도의 음식문화를 총체화한 음식이다. 부산음식의 특징은 팔도의 음식에서 다양한 역사와 문화적 요소를 수용, 차용한 부분이 많다. 때문에 '팔도의 음식은 부산 음식의 거울'이라 해도 큰 무리가 없겠다.

특히 부산 돼지국밥은 부산의 음식이면서 전국의 음식문화와 관습이 한데 어우러진 음식이다. 그러하기에 돼지국밥의 조리법도 한 가지로 통일되어 있지 않고 다양하다. 그래서 부산의 돼지국밥은 정형이 없다. 이는 부산 돼지국밥 속에서 여러 지역의 독립된 문화 다양성을 찾을 수 있다는 것인데, 다양한 지역의 섭생이 부산의 돼지국밥에 끈끈하게 내재된 상태로 이어져오고 있다는 것이다.

국밥에 사용되는 고기 부위나 육수 재료, 상을 차려내는 법 등 모든 것이 여러 지방의 음식 특성을 내포하고 있는 것이 부산의 돼지국밥이다. 그만큼 돼지국밥 가게마다 다양한 지역의 맛깔을 갖고 있는데도, 모두 '부산 돼지국밥'이라는 범주 아래 함께하고 있다.

다양한 부산 돼지국밥들에서 가장 확연하게 구분되는 부분은 육수일 것이다. 주로 세 가지의 육수로 나눌 수가 있는데, 국물이 뽀얀 육수와 조금 연한 육수, 맑은 육수가 부산 돼지국밥에 적용되고 있다.

뽀얀 육수는 주로 돼지사골로 뽑아내는데, 국물이 진하고 구수한 맛을 낸다. 제주의 몸국과 고기국수, 일본 규슈의 사골 라면인 돈코쓰 라멘, 밀양 무안의 소사골 돼지국밥 등과 닮았다.

조금 연한 육수는 주로 돼지 뼈와 고기, 내장 등을 함께 쓰거나 돼지 머리를 통째 넣고 육수를 낸다. 이북 피난민들이 부산에 정착해 이북의 조리 방식에 돼지머리와 부산물을 재료로 활용했는데, 상업화된 부산 돼지국밥의 원형쯤 된다.

또한 맑은 육수는 수육용 돼지고기를 삶아 맛을 낸다. 서부 경남의 돼짓국에서 유래된 것으로 맛이 깔끔하고 정갈하다.

국밥 안에 들어가는 고기도 돼지 대가리에 붙어 있는 돼지 볼살을 사용하는 곳이 있는가 하면, 돼지 부산물인 내장, 순대 등을 함께 쓰는 곳, 돼지 목살과 다리 살 등을 쓰는 곳, 최근에는 고급화 과정을 거치면서 삼겹살, 항정살, 갈빗살 등을 쓰는 곳까지 다양하다. 부산사람들의

'다양성'을 엿볼 수 있는 지점이다.

음식을 차려내는 방법도 여러 가지이다. 대구·경북지역의 '반상문화(飯床文化)'가 흡수되면서 국과 밥을 따로 내는 따로국밥이 자리 잡고, 이북 지역의 순대가 돼지국밥에 융화되었으며, 서울·경기 지역의 순대국밥 또한 수용하면서 순대돼지국밥이 되었고, 제주돼지국수의 영향으로 다양한 면(麵)을 활용한 돼지국수가 활성화되었다.

이렇게 수용과 개방의 과정을 거쳐 정착된 돼지국밥의 종류만도 상당하다. 돼지고기만 들어간 '돼지국밥', 수육과 순대가 들어간 '순대국밥', 돼지내장 등이 들어간 '내장국밥', 수육과 내장이 들어간 '섞어국밥', 수육, 순대, 내장 등이 모두 들어간 '모듬국밥', 밥과 육수가 따로 나오는 '따로국밥', 수육과 육수, 밥이 따로 나오는 '수육백반', 밥 대신 국수나 우동이 들어간 '돼지국수', '돼지우동' 등이 있다. 이는 모든 지역의 돼지 음식이 부산에서 '부산 돼지국밥'으로 정착했다는 의미를 내포하고 있다.

부산식 돼지국밥의 특별한 맛은 돼지의 여러 부위를 서로 가리지 않고 한데 넣어 가마솥에서 오래도록 팔팔 끓여내는 조리방식에서 기인한다. '한데 섞여 하나가 되는 것', 이것이 부산사람들의 기질 속에 녹아있는 부산식 조리법이자 '부산'이라는 이름으로 한데 뭉치는 통합의 음식인 것이다. 가마솥으로 상징되는 부산의 정체성을 음식으로 제대로 발현한 음식이라는 뜻이다,

돼지국밥은 이렇듯 다양한 지역의 음식문화와 정체성, 조리법과 반상예절까지 수용하여, 이를 기억하고 차려내는 '부산다운 음식'이다. 각 지역 사람들의 입맛이 부산으로의 정착 과정을 거쳐 '부산 돼지국

밥'이라는 '하나의 이름'으로 자리를 잡은 것이다.

그래서 이질적이지만 다양하고, 다양함 속에서도 융화하여 하나로 뭉치는 부산의 역동성이 부산 돼지국밥 안에 있다. 따라서 돼지국밥은 부산이라는 다양성의 도시에서, 부산을 상징하는 통합의 음식, 총체의 음식의 대명사가 된 '부산의 소울푸드'이다.

공유와 배려의 정신이 빛나다 - 밀면

현재 '밀면'의 원형은 이북 지역의 냉면에서 그 뿌리를 찾고 있다. 한국전쟁 당시 이북에서 피난 온 사람들이 원조물자로 들어온 밀가루로 '망향의 음식'을 만들어 먹은 것이 밀면이라는 것. 밀면은 한국전쟁 당시 부산으로 몰려든 이북 출신 피난민들이 고향에서 먹던 냉면을 생각하며 대용으로 먹었던 음식이다.

당시 구하기 힘들었던 메밀 대신 미군 구호품으로 손쉽게 구할 수 있었던 밀가루로 '밀냉면'을 만들어 먹었던 것이다. 밀면은 '밀가루 냉면'으로 불리며 주머니가 가벼운 이들에게 제공되었다. 가격은 냉면의 반값 수준. 메밀 대신 밀가루를 사용하고, 쫄깃함을 더하기 위해 고구마전분을 소량 섞어서 면을 뽑았다.

그렇다면 냉면의 대체 음식이었던 밀면은 어떻게 부산 향토음식이 되었을까? 이는 밀면이 부산사람의 성정을 닮아가면서부터이다. 그 첫째로 밀면 조리법의 부산화 과정을 들 수 있다. 밀면은 냉면보다 감칠맛이 떨어지는 밀가루 면의 단점을 보완하기 위해 강하고 자극적인 양념을 쓰고, 이가 시릴 정도의 차가운 육수에 그윽한 풍미의 약재를 첨가하는 등 밀가루 면의 심심함을 육수로 보완한다. 이는 부산 음식의 특징인 맵고 짜면서도, 시원하고 진한 풍취를 자아내는 양념 조리법에 근접해 있다.

두 번째로 밀면은 부산사람의 얼큰하면서도 속 시원한 '국물' 사랑과 맞닿아있다. 뜨거운 것도, 차가운 것도, 맵고 짠 것도 훌훌 들이마시며 "어허, 시원~하다!" 하는 부산의 기질이 반영됐기에 그렇다. 그렇다 보니 사철 음식 개념인 냉면과 달리, 시원한 육수의 밀면은 여름철 갈증을 해소하는 별미로 먹는 '계절 음식'의 성격이 더 짙다.

양념이나 육수가 깊고 차분한 냉면과는 본연적으로 차별화되는 것이다. 부산의 "아싸리~!(기면 기고 아이면 아이다)" 정서가 투영된 음식이라는 뜻이다. 열악한 시대 상황 속에 탄생했기에 맛의 깊이가 다소 질박하고 거친 느낌이지만 우리 부산사람들의 정서를 닮아가면서 부산의 음식으로 탄생한 것이다.

'정통 음식'이 아닌 '대체 음식', '최선의 음식'이 아닌 '차선의 음식'이지만, 한 그릇 값에 두 그릇을 먹을 수 있고, 같은 값이면 넉넉하게 함께 둘러앉아 나눠 먹을 수 있었던 '공유의 음식', 모자라는 돈으로도 사 먹을 수 있고, 같은 양이라도 값이 싸 여러 사람 먹일 수 있었던 '배려의 음식'이 바로 밀면이었던 것이다.

이 때문에 부산 밀면 탄생의 의미는 '공유'와 '배려'이다. 이러한 시대적 과정을 거치며 이북 냉면이 현재 우리 부산사람의 입맛에 맞는 밀가루 냉면, 즉 '밀면'으로 탄생한 것이다. 그래서 밀면은 냉면의 '대용음식'으로 시작했지만, 탄생지 부산에서만 먹을 수 있는 부산 특유의 음식이면서 부산사람의 성정과 맞아떨어지는 부산의 향토음식이 된 것이다.

더욱이 밀면의 창시자인 우암동 내호냉면의 고 유복연 씨는, 다섯 평 가게에서 장사하며 쪽방에서 여섯 식구가 한데 자던 시절에도 '음식을 가지고 장난치면 안 된다', '싸면서도 영양가 높은 음식을 제공해야 한다'라고 유언처럼 말을 남겼다.

밀면은 우리 부산음식의 특징과 성정을 품은 부산다운 음식이다. 가진 것 없는 이들에게 싼값으로 제공됐던 음식, 따뜻하고 푸근한 마음의 음식, 마음만은 배부른 착한 음식이 부산의 밀면이라는 것이다. 유 씨의 말에서 볼 수 있듯 궁핍한 시절을 함께 견뎌왔던 부산사람의 '이타정신'이 '밀면'이라는 부산 음식에서 면면히 흐르고 있는 것이다.

따뜻하고 착한 성정의 음식 – 부산의 향토음식

이상과 같이 부산의 대표 음식은 부산의 근현대사와 맞물려 수용, 혼용, 발전을 거듭하며, 오늘에 이르러 '부산의 향토음식'으로 자리 잡았다. 각 지역마다의 다양한 특수성에 의해 발전해 온 팔도의 음식이 부산에 정착하면서 발현된 것이 지금의 부산 향토음식이다.

부산의 음식은 춥고 배고픈 시절 조악한 식재료로 만든 '차선의 음식'이자 '대체의 음식', '차용의 음식'이었다. 그러나 함께 나누고 어울려 먹었던 부산사람들의 따뜻하고 푸근한 마음을 전해준 '착한 음식'이다. 조금 부족하고 열악한 음식이었지만, 마음만은 배부른 음식이 바로 '부산의 향토음식'이었던 것이다.

앞서 기술했다시피 향토음식은 그 지역의 역사와 문화, 시대와 사회 상을 비추는 '거울'이자 '텍스트'이다. 그래서 지역의 음식을 계승, 보존하는 것은 지역의 정체성을 지키는 일이기도 하다. 일본처럼 지역의 맛을 철저하게 보존·계승해야만, 우리나라에서도 제대로 된 향토음식을 맛보기 위해 그 지역을 찾는 사람들의 행렬이 이어질 수 있다.

즉 이른 시일 내 부산의 향토음식에 대한 다양한 연구가 진행되어야 할 것이다. 향토음식의 유래와 발전 및 변천사 등 향토음식사의 기록과 지역사회와의 관계망 연구, 시대별 음식 레시피 확보와 기록 작업 등 전통음식 보존을 위한 다각적인 노력과 지원이 절실하다.

1부
누구나 잘 아는 부산 음식,
그러나 잘 모르는 부산 음식

진화하는 부산의 소울푸드 – 돼지국밥
박찬일

근·현대사의 상흔을 품은 부산만의 음식 – 밀면
박정배

국민 반찬이자 서민 간식, 베이커리화로 변신하다 – 어묵
박상현

부산의 선어는 더 살아 있다 – 활어회와 선어회
이춘호

동래파전 먹으러 동래장터 간다 – 동래파전
김한근

영양가 높은 추억의 구황음식 – 곰장어
오지은

초량, 돼지 음식의 발상지가 되다 – 초량돼지갈비
이 욱

길거리에서 부산을 맛보다 – 비빔당면, 물떡, 씨앗호떡 등
배길남

박찬일 ▎ 맛칼럼니스트

서울에서 났다.

이탈리아 요리를 전공했으며, 국밥에도 적당히 미쳐 있다.

이탈리아 요리는 하면 할수록 알 수 없고, 한식은 점점 더 무섭다.

『노포의 장사법』 같은 책을 내면서 한국의 노포 식당 붐을 주도했다.

제일 좋아하는 술안주는 그냥 김치 한 보시기,

면 넣지 않은 간짜장 소스와 잘 지진 군만두다.

띵 시리즈에는 '짜장면'으로 참여해

『곱빼기 있어서 얼마나 다행인가』를 출간했다.

'단무지'를 싫어한다.

진화하는 부산의 소울푸드
- 돼지국밥

박찬일

돼지국밥은 주로 경상도 지역에서 즐겨 먹는 탕반의 일종이다. 탕반 (湯飯)이란 국과 밥으로 이루어진 전통적인 민족 음식이다. 아궁이라는 열원과 다중을 위한 습식 탕 국물, 대체로 추운 겨울을 가진 대륙성 기후가 어우러져 만들어낸 음식이라 할 수 있다. 탕반이 꼭 한국(한반도)에만 존재하는 것은 아니다. 중국과 일본에서도 유사한 형태를 찾을 수 있다. 그러나 한반도에서 특징적으로 발달했고 현재로 매우 즐겨 먹는 우세적 음식이라는 점이 독보적이다. 독립적인 국과 밥, 김치와 같은 절임류를 곁들이는 이 밥상은 인근 나라에서는 출현 빈도가 낮다. 예를 들어 일본도 국에 밥, 침채류를 먹는 것이 일상의 밥상이지만 한국식 탕반을 'クッパ'(국바)라고 가능한 원음 그대로 표기하며 자국 음식과 상당한 거리가 있음을 표현한다. 일본인에게 한국의 국밥은 대체로 뜨겁고 진하며 양이 많다고 수용된다. 일본의 기본식에 제공되는 된장국은 양이 적고 펄펄 끓지 않으며, 비교적 가벼운 국물이어서 한국식 국밥과는 큰 차이를 보인다.

서양의 경우도 오랫동안 습식 조리를 통해서 매우 다채로운 국물 요리가 발달했는데, 대체로 영어로 스프나 스튜, 브로스라고 부르는 형태로 먹는다. 아는 농도, 재료에 따라 세밀하게 나뉜다. 그러나 현대의 유럽은 우리의 탕반처럼 맑고 뜨겁고 많은 양의 액상 스프를 섭취하지 않는다. 이들은 국물을 '육수'라는 형태로 조리에 첨가하는 방식으로 발달했다. 그들은 볶거나 조리거나 소스를 만들 때 육수를 넣어서 맛을 강화시킨다. 독립적인 스프의 비중이 크게 줄었다. 코스에 스프가 나오지 않는 경우도 많고, 민족과 나라에 따라 스프가 거의 없는 식사도 흔하다. 한국인의 경우 거의 매일 국이나 탕을 섭취하는 것과 크게 다르다.

한국은 이렇듯 탕반 식사를 유지하고 있고, 그중에서 돼지국밥은 경상도, 특히 부산에서 발달해온 음식이다. 서울과 수도권은 순대국밥이 아주 유명하다. 그러나 아직 순대국밥은 서울에서 어떻게 발달했는지, 유입되었다면 그 기원이 어떻게 되는지 정확하게 연구되지 않고 있다. 서울을 비롯한 수도권에 1960년대 이후 농촌 인구가 유입되면서 그들의 음식문화도 가지고 왔다는 설, 북의 피난민이 대거 이주하면서 시작되었다는 설, 피난민이 부산을 거쳐 상경하면서 부산식 돼지국밥을 전파했다는 설(사실, 서울 순대국밥과 부산 돼지국밥은 여러 요소에서 차이가 거의 없다. 부산에도 순대와 내장을 넣고 머릿고기를 중심으로 고아내는 방식이 꽤 많다. 다만 여러 측면에서 부산식 돼지국밥의 성격이 뚜렷하고 지역성이 아주 강하며, 맛도 개성이 강하기 때문에 독자성을 부여받고 있다)도 있다. 부산 돼지국밥 역시 기원설이 다양하다. 돼지국밥이라고 부르는 것은 부산, 경남, 경북으로 벨트가 형성되어 있는데 기타 지역은 대체로 순대국밥이다. 돼지국밥은 돼지고기국밥도 아니고, 순대국밥도 아니다. 그냥 돼지국밥이라는 명명이 이미 상당히 투박하고 직선적이라고 할 수 있다. 부산의 한 시인이 '야성을 가진 음식'이라고 갈파했듯이, 뭔가 타지인들은 부산 돼지국밥에 그런 남쪽 도시의 기질, 거칠고 우직한 성격을 규정짓곤 한다. 지역학자 최해군 선생이 〈부산사 연구〉에서 갈파했던 것도 그런 부산사람의 성격이기도 하다.

필자는 2000년대 초반 처음 부산에서 돼지국밥을 먹게 되었는데, 상당한 충격을 받았다. 머릿고기를 거의 100퍼센트 쓰는 서울식과 달리 머리 이외의 부위, 즉 정육(精肉)이 들어간다는 점이 놀라웠다. 정육은 이름에서 알 수 있듯이 정선된 고기이며 정식(?) 고기다. 즉 삼겹살, 앞다리살 같은 고가 부위가 들어간다. 또 서울식은 순대와 내장이 대부분 준비되는데 부산에서는 그렇지 않은 경우가 더 흔하다는 사실도 특이했다. 간과 허파, 돼지의 작은창자, 머리에서 잘라낸 혀, 귀, 볼살 같은 부위 대신 정육을 쓰는 것이었다. 서울에서는 수육이라는 용어도 잘 쓰지 않고 대개는 머릿고기접시라고 부른다. 정식 살코기를 삶아 팔 경우만 수육이라 칭하며, 이조차 흔하지 않다.

또 정구지라고 부르는 생부추나 부추무침의 제공, 풋고추가 아닌 더 매운 '땡초'의 제공, 새우젓과 다지기의 사용량이 적은 점도 다른 점이다. 서울식은 들깨를 넣는데, 부산에서는 찾기 힘들다. 무엇보다 메뉴의 다양성이 독특하다. 서울은 순대국밥에서 순대를 많거나 적게, 내장을 빼느냐 넣느냐 정도의 옵션이 존재하는데 부산은 다양한 옵션이 메뉴화되어 있다는 점이 눈에 띈다. 예를 들어 수육백반 같은 경우는 서울에서는 찾아볼 수 없는 방식이다. 보통 10개 내외의 메뉴까지 운영하는 돼지국밥집도 있다. 메뉴의 세부 내용을 보면 거기서 거기 같지만, 그만큼 돼지국밥이 부산시민의 중요한 외식이라는 점, 일상의 음식이라는 점을 우회적으로 보여준다고 하겠다. 어떤 음식이 일상이 되면 옵션이 많아진다. 지루한 맛에 변화를 주고, 경쟁업소와 다른 구색을 갖추려는 것이 장사하는 이의 본성이기 때문이다. 짬뽕 도시인 군산-공개적으로 그렇게 천명했다-의 경우 짬뽕의 가짓수가 매우 많다.

부산의 돼지국밥집 숫자는 통계에 정확히 잡히지 않는다. 그냥 일반 음식점으로 허가를 내고, 매일 수많은 돼지국밥집의 폐업과 창업이 이루어질 정도로 부침이 심하기 때문이다. 다만 타 메뉴 대비 매우 숫자가 많은 것은 분명하며, 남녀노소 더 광범위하게 사랑받는 것도 특별하다. 나는 부산에 오면 현지 신문(부산일보, 국제신문 등)을 자주 보곤 했다. 뭔가 서울 신문과 차이가 있다는 것을 느끼게 되었는데 하나는 수산 관련 뉴스가 톱으로 자주 등장한다는 것(롯데자이언츠 소식이 1면 뉴스인 것도 종종 있어서 놀랐다. 서울은 두산이나 엘지가 우승해도 1면에는 실어주지 않는 것 같다) 이 특이했다. 무엇보다 창업 광고나 모임 소식의 장소가 돼지국밥이 많다는 걸 알게 되었다. 예를 들어 서울의 신문 모임 안내가 순대국밥집인 경우는 사실상 없다고 해도 될 것 같다. 반면 부산은 통계를 내어 보지 않았지만 상당수가 돼지국밥집이다. 경제 규모의 차이라고만 보기에는 뭔가 다른 이유가 있다고 생각한다.

부산사람에게 맛있는 돼지국밥집을 묻는 것은 큰 의미가 없다. 대답하는 사람마다 다 다른 답을 내놓는다. 지역 말단 골목까지 맛있는 돼지국밥집이 존재하며, 매우 넓은 데다가 독특하고 폐쇄적인 지형으로 교통이 쉽지 않은 부산의 특성 때문인지 권역별로 맛있는 돼지국밥집의 계보도가 다르게 그려진다. 조리와 부위별(머릿고기, 내장, 수육의 차이와 뼈의 사용 방식에 따른 농담(農談)의 차이 등), 권역별(구도심, 서면, 동래, 해운대, 사상 등 신개발지, 대학가까지)로 매우 복잡하다. 여기에도 노포와 신흥 강호의 구별도 있다. 그러니, 부산에서 돼지국밥을 먹어보겠다는 의지는 매우 길고도 치밀한(?) 계획이 있어야 하나의 장정(長征)을 마칠 수 있다.

부산 돼지국밥이 서울 순대국밥과 결정적으로 다른 부분은 국물의 농담이다. 순대국밥은 맑게 내는 법이 없다. 만약 그 국물이 맑다면 '제대로 끓이지 않아서 맑다'는 의미로 서울시민은 받아들인다고 봐도 좋다. 그러나 부산에는 한 방식으로 맑은 국밥이 존재한다. 이는 수육의 제공과 관련이 있다. 부산 경남 일대에 돼지사육업이 발달하여 상대적으로 저렴하게 수육이 될 수 있는 정육을 쓸 수 있다는 것이 원인으로 짚이고 있다. 1960-70년대에 걸쳐 활발했던 돼지의 일본 수출과도 연관이 있다는 것이 연구자들의 견해다. 특히 삼겹살은 요즘과 달리 과거에는 크게 비싸지 않았는데, 이때 돼지국밥집에서 사용이 가능했다고 볼 수 있다. 삼겹살을 쓰는 집은 수육이 중심이라 국물이 맑다. 삼겹살은 삶아도 육수가 농후하게 나오지 않는 부위다. 예를 들어 부산 돼지국밥 역사의 한자리에 있는 범일동 할매국밥의 경우가 그렇다. 맑은국에 풍부한 삼겹살을 수육으로 제공한다. 돼지사육업 전체의 성장에 따라 늘어난 모돈 삼겹살과 수입 삼겹살의 유통도 부산식의 저렴한 삼겹살 수육백반의 유지를 떠받치는 재료다.

범일동 할매국밥은 부산식 돼지국밥의 발달사를 압축해 놓은 것 같다. 나는 2010년경 처음 방문하기 시작해서 그 후 여러 번 취재했다. 분분한 돼지국밥 유래설 중에 가장 유력한 것이 이북 피난민 창업설을 이 가게가 보여주고 있다. 1·4후퇴를 중심으로 한 실향민들이 처음 만들어 팔았다는 설이 제일 설득력이 있고 부산 음식문화 전문가들도 다

수 인정하고 있다. 한국민속박물관에서도 기획전을 하면서 그렇게 기록한 적이 있다. 또 부산이 전국의 노동자를 빨아들이는 산업기지가 되었을 때 돼지국밥이 발달했다는 기원설을 범일동 할매국밥에서 발견할 수 있다. 부산은 수산 가공, 제분, 섬유, 신발 제조 등의 거대한 기지였다. 이 가게의 배후지역에 바로 삼화고무라는 대형 신발제조회사의 노동자들이 많이 기거했다. 그들의 주말 휴식은 영화관람이 많았고, 가게 옆에 있는 보림극장이 매우 인기 있는 극장이었다. 쇼와 영화를 같이 하는 1970년대식 극장으로 큰 인기를 얻어 사람들이 몰렸고, 이때 할매국밥도 크게 성장했다고 2대 주인 김영희 씨가 증언하고 있다.

　돼지국밥의 이북 유입설과 관련하여 나는 평양 현지 취재를 시도한 프로그램에 참여한 적이 있다. 보통 북한에 가면 냉면을 먹는다. 북한은 원래 돼지고기, 소고기를 많이 먹는 지역이다. 1990년대 이른바 고난의 행군 시기를 거치면서 식량 사정이 매우 나빠졌고, 당연히 고기의 배급이나 구매도 어려워졌다. 대체로 장마당에서 팔리거나, 주요 명절에 돼지고기가 배급되고 있다. 이것으로 국밥을 해 먹는데, 현지에 파견된 미주 지역 한인 언론인이 취재를 하고, 조리법을 한국으로 위성 컴퓨터 등으로 보내면, 한국에 있는 내가 받아서 재현하는 게 당시 참여한 프로그램의 얼개였다. 돼지는 북한에서 군부대나 개인과 집단 단위로 식량 생산의 중요한 대상이 된 지 오래라고 새터민이나 언론에서 증언하고 있다. 돼지야말로 고기 맛을 보게 해주는 핵심 재료다. 돼지국밥은 그래서 북한에서 전국적인 인기를 끈다. 조선요리협회 연구사의 레시피 육필이 사진 형태로 전송되어 왔다. 흥미로웠던 것은 부산 돼지국밥 조리법과 별반 다르지 않았다는 점이다.

만드는 방법

① 흰쌀로도 밥을짓이 놓는다

② 돼지고기는 5머캠s의 찬물을 드고 끓인다.
끓거지 저화면 3물컵s 인다가 물은 노는
받죽고 서시히 끓인다
떠오르는 거음은 걷어낸다.
고기가 잘 익고 국물이 잘 우러 나오게 끓여
논데 육거장 처럼 줄어지지 않게 한다

③ 돼지고기는 꺼내여 살은 크게 떼 내스
뼈는 다시 국물에 닿는다.
고기는 먹기 좋게 (술로 떠 먹기 좋게) 썰어
채천파·다진마눌, 고춧가루, 소천으로
가볍게 무친다

④ 국물에는 소추과 간장, 고춧가루, 맛내기 보 두고
간을 맞춘다

⑤ 두부는 끓는물에 데쳐 바둑 바둑 낳게
꺼내여 고기아 같은 크기로 썰어 놓는다

⑥ 덮인 국그릇에 고기아 두부를 놓고
국물은 부은 다음 실고추와 참께 3 (않은)
뿌린다.

※ 담은 고춧가루, 파, 마눌을 따로내서
그미에 떡고 더 처서 먹게 한다
김치를 걷어 낸다

돼지고기국밥

흰 쌀 150g,	돼지고기지육 200g,
두부 1/3 모,	~~맛내기 1g~~
맛내기 1g,	후추가루 0.5g,
고추가루 1.5g,	간장 5g,
소금 5g,	파 8g,
마늘 4g.	참께 0.5g

북한의 돼지국밥 레시피- 평양에서 미주 언론인이 받아서 작성했다. 현지 요리책의 레시피도 함께 있다.

"돼지고기는 삶아서 꺼내어 살을 떼어내고 뼈는 다시 국물에 넣어 끓인다. 고기는 먹기 좋게 밥숟가락으로 떠먹기 좋게 썰어 채 친다. 다진 마늘, 고춧가루, 소금으로 가볍게 무친다."

특이한 건 여기까지는 육개장과 유사한 조리법이다. 특히 대구의 육개장인 대구탕(大邱湯, 代狗湯)과 흡사한 방식이었다. 어쨌든 전체적으로는 부산식과 유사하되, 북한만의 방식이 있다. 첫째는 두부가 들어간다는 것. 이것이 오랜 관행인지, 아니면 양을 늘리기 위한 것인지는 모른다. 또 우리가 화학조미료라고 부르는 것을 '맛내기'라고 하여 1인분에 1그램씩을 적시하고 있다는 점이었다. 사실, 한국의 돼지국밥도 거의 대부분이 조미료가 들어간다.

북한 조리법대로 만든 돼지국밥. 실고추가 인상적이고 약간 붉은 국물의 기운이 특이하다. 부산 서면 '포항돼지국밥'에서 요리했다.

북한에서 돼지고기를 배급할 때 고기만 따로 주지 않는다고 한다. 뼈에 붙은 것을 그대로 주는 식이다. 그래서 조리법에 그렇게 적혀 있다. 집마다 부위가 다르지만, 맛은 그다지 차이가 없을 것이다. 그렇게 위성으로 받은 조리법으로 부산 서면의 노포 돼지국밥집인 포항돼지국밥집에서 재료를 준비하고 끓였다. 먼저 뼈 붙은 돼지고기 통째로 피를 뺀다. 5배 정도 많은 찬물을 붓고 끓이다가 고기가 얼추 익으면 건져내어 앞에 쓴 것처럼 육개장식 양념을 해둔다. 뼈는 아직 맛이 우러나지 않았으니 더 끓인다. 이 국물에 간장과 소금, 후춧가루, 맛내기를 넣어 맛을 조절한다. 두부를 넣어 한 번 더 끓인 후 고기를 담아둔 그릇에 두부를 담고 국물을 부어낸다. 실고추를 살짝 얹는다. 다진 마늘과 고춧가루를 별도로 내어 기호에 따라 먹을 수 있게 한다. 놀랍게도 서울 순대국밥보다는 부산 돼지국밥과 비슷했다. 맑은 국물 때문인 듯했다. 같이 맛본 포항돼지국밥집 업주도 우리 국밥과 차이가 별로 없다는 평가를 내렸다.

부산 돼지국밥은 더 진화하고 있다. 1년 전 한 대학가 앞에서 돼지국밥집을 연 청년 사업가이자 요리사를 만났다. 그는 부산 돼지국밥의 전통 아래 전통적인 한국식 돼지국밥과 순대국밥을 망라하고, 새로운 맛도 보여주고 있다. 중국 양념인 마라국밥과 우동을 섞어내는 국밥과 '하이브리드국밥'(실제 이름이다)도 있다. 다양한 형태로 돼지국밥의 형태와 수용이 변해가고 있다. 동시에 전통의 노포는 길게 줄을 설 정도로 전국적인 인기를 끈다. 부산인은 돼지국밥 육수가 혈관에 흐른다는 농담 섞인 말에 고개를 끄덕이게 된다.

박정배 | 음식평론가

한·중·일 음식의 역사와 문화를 연구하고 글을 쓴다.
『음식강산 1, 2, 3』, 『만두』, 『한식의 탄생』 등 다수의 책을 집필했다.

근·현대사의 상흔을 품은 부산만의 음식
- 밀면

박정배

    돼지국밥이 부산의 음식이자 경상도의 먹거리인 것에 반해 밀면은 부산만의 음식이다. 경상도 어디를 둘러봐도 밀면이 대중 음식 문화로 정착한 곳은 부산이 유일하다. 밑면의 부산화는 부산이 경험한 근·현대사의 맛있는 상흔이다.

한국인의 밀국수

    조선 시대까지 한반도의 북쪽은 조, 수수, 콩을 주식으로 사용했고, 남쪽은 쌀이나 조 콩을 주로 먹었다. 국수는 별식이었고 주재료는 메밀이었다. 밀은 한반도에서 기후도 잘 안 맞고 쌀 중심의 남쪽 음식 문화권에서는 절실한 곡물이 아니었다. 게다가 밀은 껍질이 단단하고 제분이 까다로운 장치 산업이다. 중국도 송나라 이전까지 쌀 문화가 발달한 장강 이남의 남방에서는 위의 이유로 밀이 천대받았다. 그러나 밀을 도정한 밀가루는 가공이 쉽고 매끈한 식감이 나는 멋지고 귀한 음식이었

다. 고려 시대 송나라 사신이 쓴 『고려도경(高麗圖經)』에는 '(고려에서) 맛
있는 음식 10여 품 중 가장 으뜸으로 여기는 것은 면식(麵食)이다.(食味
十餘品而麵食爲)'라고 표현했을 정도였다. 밀가루로 만든 면은 하얀 탓에
백면(白麵)으로 불렸다. 백면이란 말은 목은(牧隱) 이색(李穡, 1328~1396)
의 「적제촌(赤提村)의 농사짓는 하인이 오다」라는 시에 처음 등장한다.

> 적제촌 안에 보리를 처음 수확하여라 / 赤提村裏麥初收
> 향기로운 밀국수가 번드르르하구나 / 白麵香湯滑欲流

14세기에 백면으로 만든 세련된 국수를 먹었음을 알 수 있는 대목
이다. 이 시에 등장하는 계절은 '보리를 처음 수확하여라'라는 구절에
서 알 수 있듯 음력 5월 중순에서 6월경인 초여름 철이다.

한국 국수의 중심은 메밀국수였다

한국인의 국수 주재료는 밀가루가 아닌 메밀이었다. 『고사십이집(攷
事十二集)』(1787년)에 '국수는 본디 밀가루로 만든 것이나 우리나라에서
는 메밀가루로 만든다'라는 기록이 나온다.

우리나라에서는 밀가루보다는 메밀가루를 국수의 재료로 주로 사
용하였음을 알 수 있다. 조선 시대 문헌에 기록된 국수는 총 50여 종으
로 국수의 주재료는 메밀가루였으며, 그다음으로 밀가루와 녹두가루
등이 국수의 재료로 많이 이용되었지만 밀가루로 만든 국수는 왕가와

양반가의 제사 등에 사용된 일반 사람들과는 상관이 별로 없는 별식이었다. 하지만 조선 후기에 이모작이 정착되면서 보리와 밀은 백성들까지 먹을 수 있는 여름의 계절식이 된다. 보리밥과 밀국수, 밀수제비는 더운 여름을 나는 특식이자 배고픔을 보충해 주는 구원의 음식이었다. 밀가루로 만든 음식은 일제강점기를 통해서 밀로 만든 국수인 '우동'이 대중화되고 말린 밀가루 면인 소면이 인기를 얻게 된다. 거기에 중국 호떡과 만두 우동이 유행하면서 밀가루 음식이 한국인의 대중 음식으로 편입된다. 이후 1960년대 정부의 강력한 혼분식 장려운동을 통해 밀가루 음식은 '제2의 주식'으로 자리 잡아 오늘에 이르게 된다.

밀가루 국수의 대중화

부산은 1876년 일본의 강제 개항 이후 일본의 관문이었고, 해방 이후 미국의 물자와 해외 곡물의 수입처였다. 그 이전인 조선 시대부터 경상남도 물산의 집합처인 구포나루는 남창(南倉)으로 불리며 유명했다. 일제강점기에도 경상도 곡물을 모아 부산항을 통해 일본으로 이송하는 중심 항이었다. 일제강점기에 구포에는 '남선곡산', '영남제분', '조선도정' 같은 밀가루 제면 공장이 있었고 이를 활용한 소면 생산이 이루어졌다. 한국전쟁 이후 구포 일대와 부산의 산동네에 정착한 실향민들에게 구포국수는 싸고 맛있는 하얀 동아줄 같은 존재였다. 구포와 주변 일대에는 전성기인 1960~70년대에는 국수공장이 30여 곳이나 있었다. 경상도 사람들의 국수 문화는 칼국수가 중심이었지만 일제강점기를 거치는 과정에서 늘여서 기름을 발라 만드는 소면 문화가 도입됐고, 전쟁 이후 부산에 대거 정착한 실향민들을 통해 북한식 면 문화인 압출 방식의 뽑아내기 기술이 밀가루 면 문화에 결합된다. 지금의 밀면이 밀가루 면이면서 메밀 면에 주로 쓰이던 압출 방식이 사용된 건 실향민들이 만든 기술로 밀면만의 고유한 특성의 핵심 기술이 된다. 밀면은 북한의 압출식 면 뽑기 기술과 부산의 밀국수 전통, 전쟁과 분식 장려운동 기간을 거치면서 흔해진 밀과 고구마 전분 같은 재료를 바탕으로 틀이 마련되고 경상도식 한약재 육수와 양념장이 더해지면서 완성된다. 이렇게 다양한 문화 요소가 그 생성 과정을 여실히 보여주는 음식 문화는 흔치 않다.

밀면의 창세기

우암동 산허리 자락은 장고개라 하는데 여기에 수막마을이 있었고 해방 후에는 도축장도 있었다. 실향민들은 가파른 언덕의 우암동에 터를 잡았다. 재개발로 우암동은 옛 모습이 거의 사라졌지만 북항 쪽 우암동 입구에 작은 상가 맨 위쪽에 있었던 내호냉면은 전쟁 이후 형성된 난 개발의 건물 구조를 그대로 간직하고 있다. 1950년대 이후 지금의 자리에 정착하고 장사가 번성해 주위 집들을 사서 합친 덕분이다.

'내호냉면'은 지금의 자리에 1953년 3월 고향 이름을 딴 식당을 열었다. 창업자는 1919년 10월 함경남도 흥남 내호리에서 '동춘면옥'을 운영했었다. 그러나 부산이라는 지역적 특성과 전쟁 직후라는 사회 경

2013년경 내호동 전경

제적 환경 때문에 고향과는 다른 상황이 발생했다. 고향에서 국수를 만들 때 쓰던 감자전분은 구하기 어려웠고 전쟁 구호품인 밀가루가 흔했다. 거기에 남쪽 지역의 구황작물인 고구마 전분은 싸고 구하기 쉬운 재료였다. 북한에서 만들어 팔았던 질긴 함흥식 면발과 매운맛도 부산 사람들에게는 다가가기 어려운 음식 문화였다. 여러 시도 끝에 1959년에 밀가루 7에 고구마 전분 3의 비율로 만든 면발이 만들어졌다. 고구마 전분 가공 산업은 일제강점기부터 소주를 만들기 위한 원료로 이용되면서 제주와 남도 일대에 성행했다. 1958년 ICA원조자금으로 고구마 감자 전분 공장이 세워지면서 고구마 전분이 요리에 많이 사용되었다. 1980년대 이후 옥수수 전분이 강세를 보이기 전까지는 전분의 대부분이 고구마 전분이었다. 1980년대 초반까지 고구마 전분공장 총 67개의 전부는 제주(57), 전남북(8), 경남(2) 등 남부에 집중되어 있었다.("전분 가공산업의 현황 및 당면과제", 〈농촌경제〉 1982년 6월) 당시 가루음식에 고구마 전분의 사용은 선택이 아닌 필수였다. 밀가루와 고구마 전분이 섞인 밀면은 '경상도 냉면', '부산냉면', '밀냉면'으로 불리다 1970년대 이후 100% 밀가루만을 사용하면서 '밀가루 면'이라는 뜻의 '밀면'으로 정착한다.

　내호냉면처럼 실향민들이 창업한 1세대 밀면집들은 몇 가지 공통점이 있다. 산동네 입구에 자리를 잡거나 산업 시설이 밀집한 지역에 자리를 잡고 밀면이 아닌 냉면을 붙여 상호를 만들고 냉면과 밀면을 동시에 판다. 당감동의 예리한 산에도 피난민들이 몰려들었다. 당감시장 입구의 '당감제일냉면'과 '시민냉면'은 초창기 자리를 잡다가 지금의 자리고 옮겼고 시장 근처에는 '흥남냉면'이 아직 남아있다. '시민냉면'의

기계밀면 / 내호냉면

밀면은 물과 비빔의 구분이 없다. 비빔 형태의 밀냉면이 육수가 든 주전자와 함께 나온다. 처음부터 주전자에 나온 냉육수를 부어 먹거나 나중에 육수를 따라 먹어도 된다. 춘천 지역의 막국수 문화와 닮았다. 이런 방식을 부산의 면 마니아들은 '당감동 스타일' 혹은 변신한다는 의미로 '트랜스포머'라 부른다. 시민냉면뿐만이 아니라 당감제일냉면과 흥남냉면도 모두 이런 당감동 스타일의 면을 만들어 낸다.

밀면의 완성기

1966년 개금시장 입구에서 영업을 시작한 '개금밀면'과 1968년 가야2동 동의대 입구역 언덕 초입에 '가야밀면'이 문을 열면서 밀면은 완성된다. 밀면은 면발과 국물을 두 개의 큰 축으로 다대기와 꾸미를 보조 축으로 발전해 왔다.

면발은 밀가루를 반죽해 압출 방식으로 뽑아내는 것을 공통된 특징

개금시장 전경

개금밀면

으로 한다. 국물은 닭과 소고기 뼈를 기본으로 한약재를 넣은 방식과 넣지 않는 방식으로 크게 나누어진다.

개금골목시장 한켠에 위치한 개금밀면은 100% 밀가루로 만든 면에 닭고기 국물을 기본으로 하는 맑은 국물로 유명해졌다. 현재 부산 밀면 국물의 대세를 이루고 있는 한약재 육수를 사용해 단맛이 강한 국물을 내는 집들과 구분하기 위해 보통 '개금식 육수'로 불린다. 개금밀면은 1966년 가야동에서 '추곡식당'으로 시작하면서부터 밀냉면을 팔았는데, 당시 가야동과 당감동 일대에는 제조 공장이 많아 음식 수요가 많았다. 추곡식당은 1980년대 중반에 지금의 개금동으로 자리를 옮기며 '해육식당'으로 이름을 바꿨다. 당시의 메뉴에는 냉면이 평양식, 함흥식, 비빔면, 밀냉면까지 총 네 가지가 있었다. 1990년대 초반에 밀면의 인기가 높아지면서 밀냉면은 밀면으로 자연스럽게 이름이 바뀌었고, 가게 이름도 해육식당에서 개금밀면으로 변경해 오늘에 이르고 있다.

가야밀면의 한약재 국물

내호냉면에서 시작된 부산식 냉면의 변형은 가야밀면에 의해 완성된다. 100% 밀가루 면과 한약재가 들어간 국물을 사용한 밀면이 만들어진 것이다. 1970~80년대를 풍미한 가야밀면은 창업주 사후에 100곳이 넘는 같은 이름의 식당이 생겼지만 창업주와는 거의 상관이 없다고 알려졌다. 초읍동에 있는 '삼성밀면'은 초기 가야밀면의 레시피가 남아있는 곳이다. 삼성밀면의 창업주는 가야밀면 창업주의 동생이면서 창업 때부터 1994까지 가야밀면 주방에서 일한 분이다. 삼성밀면 창업주의 증언에 의하면 가야밀면의 창업주인 오빠의 친구 아버지로부터 밀면 기술을 배웠다는 것이다. 당시 친구의 아버지는 실향민이었다. 삼성밀면 창업주는 진여고 부근에서 간판도 없이 잠시 영업을 했고, 면의 반죽이나 면발 뽑기, 한약재 육수를 모두 친구 아버지에게 배웠다는 것이다. 1960년대 부산에는 냉면을 내리는 기술을 가진 사람들이 여러 가게를 돌아다니며 기술을 전수하는 모습을 흔하게 볼 수 있었다. 그만큼 당시 냉면은 인기가 높았다.

한약재는 왜 국물에 사용됐을까? 삼성밀면 창업주에 의하면 한약재는 밀가루 냄새를 잡아주고 달고 강한 음식을 좋아하는 부산사람들의 식성에도 맞다고 한다. 게다가 한약재는 밀면의 또 한 축인 다대기의 매운맛을 중화시키고 단맛을 증폭시킨다. 한약재 국물에 다대기를 풀면 전혀 다른 음식으로 변한다.

기계식 면발은 수제 면발이다

부산의 밀면 명가들은 하나같이 육수를 직접 만들고 면을 직접 뽑아낸다. 밀면집에는 기계식밀면이라는 문구가 붙은 집들이 많다. 그런데 기계식이란 이름 때문에 오해가 있는데 이는 손반죽 후에 면을 뽑을 때 기계를 이용하는 것이다. 북한의 냉면 만들기 방식과 같다. 이전에는 방앗간에서 만든 면을 많이 사용했는데 밀면집에 공급된 면의 부패를 방지하기 위해서 방부제를 사용했다고 한다. 그렇게 가게들이 직접 면을 만들기 시작하면서, 밀면은 부산사람들의 인기를 한 몸에 얻게 됐다는 것이다.'(『음식강산』 - 밀면편) 1970년대 들어서면서 손으로 면을 직접 반죽해서 기계에서 뽑는 '기계식냉면'이 시작되었고, 부드러운 질감과 글루텐 때문에 생기는 탄성을 지닌 독특한 면발의 특성이 강화된다. 북한 냉면 문화의 멋진 변주가 완성된 것이다. 메밀로 만든 면발보다 탄력이 있으면서도 부드러운 면발은 한국 면의 새로운 장르를 만들어낸 것이다. 밀면이 함경도 사람들을 넘어 부산사람들의 음식으로 자리매김하게 된 것은 이런 면발의 변화와 더불어 가야식의 달콤한 한약재가 들어간 육수와 개금식의 개운한 닭 육수가 완성된 이후의 일이었다. 면과 육수과 부산의 재료와 풍토, 사람들의 입맛을 완벽하게 반영하면서 밀면은 비로소 완전한 정체성을 가지고 발전과 분화를 시작한 것이다.(『음식강산』 - 밀면편)

부산의 음식에서 전국의 음식으로

부산에서도 마니아들만 먹던 밀면이 1990년대 말부터 대중에 알려지게 된 과정에는 중요한 계기가 있었다. 1999년 8월에 PSB부산방송(현재 KNN)에서 제작 방송한 〈밀면을 아십니까〉 다큐멘터리와 허영만의 만화 『식객』(2008)의 등장이 결정적이었다. 〈밀면을 아십니까〉가 부산의 대중에게 밀면을 알렸다면 『식객』은 전국 미식가들의 관심을 불러 모았다. 이제 부산을 찾는 외지인들에게 밀면은 하나의 통과 의례가 되었다.

춘하추동

요즘에는 한약재나 닭 육수 같은 고전적인 레시피의 틀을 넘어 새로운 도전들이 시도되고 있다. 1991년에 문을 연 '춘하추동'은 한우 사골 육수를 얼음 자박한 시원한 국물로 만들어 인기를 얻고 있다. 또한 '국제밀면'은 살얼음, 소뼈 육수에 얼큰한 다대기를 섞어서 만든 시원 매콤한 육수로 사랑을 받고 있다. 함흥냉면집처럼 사골 육수를 주는 것도 특징인데 이 집의 밀면 육수의 기본 베이스가 한우 사골이기 때문이다. 그리고 '삼성밀면'은 자박한 국물에 면을 비빈 주물럭면으로 최근 들어 대중들의 사랑을 받고 있다.

부산에는 평양식 냉면집이 거의 없다. 밀면에 비해 상대적으로 까칠한 메밀면은 부산사람들에게 부담 요소다. 고기의 감칠맛과 소금의 염도만을 기준으로 하는 국물도 짜거나 혹은 심심하게 여긴다. 가격도 무시하기 힘든 요소다. 밀면집의 가격은 보통 8천 원을 넘지 않는다. 반면 서울의 냉면은 만 원을 넘어 거의 13,000원 이상으로 밀면의 두 배 정도인 게 일반적이다.

기후온난화, 뜨거운 국물에 대한 신세대의 비선호, 면에 대한 관심 증가, 지역 음식의 스토리텔링, 합리적 가격 등 다양한 이유가 겹쳐지면서 밀면의 전국화는 시간문제로 보인다. 차가운 국물에 면을 말아 먹는 유일한 민족인 한국인에게 부드러운 압출식 밀가루 면발과 달달하고 매콤한 육수의 조화는 거부하기 어려운 음식의 패러다임이다.

박상현 | 맛칼럼니스트

지루할 정도는 아니지만 평범한 인생이었다.
2003년부터 '취생몽사'라는 이름으로 시작한 블로그로 인해
잠재된 글쓰기 재능을 발견했다.
이름만 대면 알 만한 스타 블로거는 아니라도
5년 연속 네이버 파워블로그로 선정됐으며,
2011년 한국 100대 블로그로 선정되기도 했다.
내친김에 전업작가로 전환, 2011년부터 맛칼럼니스트로 활동하고 있다.
짧은 경력임에도 불구하고 이 바닥에서
꽤 묵직한 칼럼을 쓰는 작가로 소문이 자자하다(고 믿는다).

국민 반찬이자 서민 간식,
베이커리화로 변신하다 -어묵

박상현

부산의 새로운 발견 '어묵로드'

우리나라 〈식품공전〉에서는 어육을 주원료로 하여 식품 또는 식품 첨가물을 가하여 제조·가공한 것을 '어육가공품'으로 정의하고 그 구체적인 유형으로 어묵, 어육소시지, 어육반제품, 어육살, 연육 등 다섯 가지로 분류하고 있다. 즉 생선 살을 발라내 가공한 모든 가공식품을 어육가공품으로 분류하고 어묵이 어육가공품의 한 종류임을 명시하고 있다. 부산은 근대 수산업이 시작되던 시기부터 어육 생산의 중심지였다. 이러한 배경 때문에 부산에는 많은 어묵 공장이 생길 수 있었다. 현재는 어육 대부분을 수입에 의존하고 있다. 하지만 국내에서 소비되는 모든 어육은 부산항을 통해 한국에 상륙하고 전국으로 유통된다. 부산은 여전히 어묵의 도시다.

부산의 어묵

어묵을 알면 부산이 보인다

부산은 항구다. 1876년 2월 일본의 무력 도발과 강요에 못 이긴 조선은 '강화도조약'을 체결한다. 조약 제5조에는 "조선은 부산 이외의 두 항구를 20개월 이내에 개항한다"라고 명시되어 있었다. 대륙 침략에 몸이 달았던 일본은 마음이 급했다. 일본은 그해 8월 한적한 어촌 마을이던 '부산포'를 '부산항'으로 개명하고 일본인 거류지를 설치했다.

바로 이곳 부산항에 부산 어묵의 숨은 역사가 있다. 1957년 인도양의 참치를 잡기 위해 우리나라 최초의 원양어선 '지남호'가 부산항을 출항했다. 꿈은 컸고 현실은 비루했다. 지남호에 탔던 선원 중 누구도 실제로 참치를 본 사람은 없었다. 참치와 비슷한 생선이 잡힐 때마다 일본에서 발간된 어류도감의 참치 그림과 대조하며 확인해야 했다. 이처럼 시작은 미약했지만 그 끝은 창대했다. 1970년대에 접어들면서 원양어업은 한국경제를 지탱하는 주요 수출산업이 되었다. 원양어업 전성기를 이끈 주요 어종은 명태, 오징어, 꽁치, 참치 등이었다. 특히 북태평양에서 잡힌 명태는 어묵을 비롯해 어육가공품을 만들기에 가장 적합한 생선이었다. 지금도 미국 알래스카와 러시아 오호츠크해 등에서 잡은 명태는 여전히 어묵을 만드는 주요 재료로 사용되고 있다. 누구나 한번은 먹었을 '천하장사', '키스틱', '새우버거', '빠삭이' 역시 주요 재료가 명태 연육이다.

부산 어묵의 역사에서 빼놓을 수 없는 곳 중 하나가 자갈치시장이다. 광복 후에는 일본에 끌려갔던 사람들이, 한국전쟁 이후에는 피란민들이 살길을 찾아 자갈치로 몰렸다. 이들은 '다라이'를 놓고 생선을 팔았다. 억척스러운 '자갈치아지매'의 역사는 이때부터 시작되었다.

자갈치시장 바닥에 쌓여 있던 생선의 일부는 '리어카'와 자전거에 실려 영도 봉래시장으로, 영주동 시장으로, 부평시장으로 옮겨졌다.

자갈치시장

1920년대부터 생겨난 어묵공장이 있던 곳이다. 재료의 신선도가 관건이었던 어묵의 특성상 대부분의 어묵공장은 자갈치시장에서 도보로 30분 이내에 위치했다. 트럭이 아니라 리어카로 생선을 옮겨야 했던 상황, 냉장 설비가 부족하던 당시의 상황을 이해하면 부산의 대표적인 어묵 제조사들이 왜 '그곳'에서 시작했는지 이해된다. 그리고 부산어묵의 역사에서 자갈치시장의 존재는 어묵 공장의 입지를 결정할 만큼 중요했다.

바로 그즈음, 자갈치시장에서 생선을 싣고 영도다리를 건넌 리어카 한 대는 매일같이 영도 봉래시장 입구에 닿았다. 시장 입구의 작은 판잣집에는 '삼진어묵가공소'라는 간판이 붙어 있었다. 그렇다. 바로 이 곳이 현존하는 부산에서 가장 오래된 어묵 회사인 '삼진어묵'이 탄생한 곳이다. 2011년까지 2대에 걸쳐 어묵을 만들어오던 이곳은 2012년부터 '삼진어묵 체험 역사관'으로 운영되고 있다. 어묵의 제조와 판매는 물론이고 체험과 어묵의 역사를 살펴볼 수 있는 전시 공간까지, 한마디로 어묵의 모든 것은 한 곳에서 경험할 수 있는 공간이다. 60년 동안 어묵을 만들면서 생선의 비린내로 찌든 공간의 변신치고는 정말 극적인 반전이다.

'삼진어묵 체험 역사관'은 한국 어묵의 역사에서 아주 중요한 상징성을 갖는다. 이 공간이 생기기 이전까지 어묵은 비위생적인 환경에서 만들어지는 식품의 대명사였고, 바로 먹을 수 있는 간식의 개념이 아니라 조리해서 먹어야 하는 식재료의 이미지가 강했다. 삼진어묵은 체험관을 만들면서 어묵이 가진 이 두 가지 한계를 정면으로 돌파하기로 마음 먹었다. 우선 어묵은 비위생적으로 만들어진다는 선입견을 깨기 위해 제조과정을 전부 공개했다. 매장과 공장 사이에는 유리 칸막이만 설치했다. 이를 통해 고객들은 매장에서 생산 공정을 직접 확인할 수 있었다. 수십 년 동안 어묵 공장에서 일했던 현장 직원들의 불만이 쏟아졌다. 구경거리가 된 것 같아 불쾌하고 불편했던 것이다. 하지만 고객들의 관심과 호기심 가득한 표정이 어느새 활력소가 됐다. 서서히 고객과 함께 호흡하고 고객의 관심을 즐기게 되었다. 무엇보다 위생적인 환경에서 건강한 먹거리를 만든다는 직업적 자부심이 직원들에게 생겼다.

생산 현장의 공개와 더불어 두 번째로 도전했던 과제는 어묵이라는 음식의 성격을 바꾸는 것이었다. 어묵의 소비량을 근본적으로 늘리기 위해서는 어묵을 식재료가 아닌 간식으로 전환할 필요가 있었다. 갓 튀겨져 나온 뜨거운 어묵을 먹는 정도로는 부족했다. 인식을 바꿀 뭔가

삼진어묵 영도본점

어묵 제조공장

획기적인 제품이 필요했다. 그러한 고민의 결과로 탄생한 음식이 '어묵고로케'다. 밀가루 반죽 대신 어육 반죽을 피로 사용해 다양한 소를 채웠다. 어묵고로케는 등장과 동시에 엄청난 인기를 끌었다. 아울러 어묵은 더 이상 반찬을 만드는 식재료가 아니라 빵처럼 바로 먹을 수 있는 간식이 되었다. 어묵고로케를 시작으로 별도의 조리 과정 없이 바로 먹을 수 있는 제품이 지금은 브랜드마다 수십여 종씩 생산되고 있다.

삼진어묵의 변화는 부산 어묵 업계에 큰 반향을 일으켰다. 제조사마다 자사 브랜드를 알리기 위한 다양한 변화를 꾀했다. 가장 적극적인 마케팅을 펼친 곳은 '고래사어묵(고래사)'이었다. 1963년 부산진구 부전시장에서 시작한 고래사는 삼진어묵이 두각을 나타내기 이전까지 부산 어묵 업계에서 가장 기술력이 뛰어난 어묵 제조사로 평가받고 있었다. 어묵을 튀긴 뒤 기름 제거용으로 사용하던 스펀지와 부직포를 대체할 위생 탈유기를 만드는 데에만 8년을 투자할 정도로 기술에 집착했다. 그런 고래사의 입장에서 삼진어묵이 변화의 선두에 서는 것이 자존심이 상할 수밖에 없었다. 고래사는 빠르고 거침없는 행보를 시작했다. 그 화룡점정이 2015년 2월 해운대해수욕장의 관문인 구남로 입구에 세운 해운대점이다. 연면적 660㎡에 달하는 2층 단독 매장은 규모도 규모지만 건물 정면을 장식한 대형 꼬치어묵 조형물이 관광객의 시선을 단번에 사로잡았다. '기술의 고래사'답게 한층 업그레이드된 신제품도 함께 출시했다. 국내 최초로 개발한 바로 먹는 어묵인 '용궁'은 생선회처럼 즉석에서 잘라 먹거나 샐러드 초밥 등으로 활용이 가능한 만능 어묵이다. 10년의 시도 끝에 개발을 성공해 특허를 받은 '어묵면'은 밀가루로 만든 생면의 탄력과 생선 살이 가진 풍부한 감칠맛을 동시에 느낄 수 있다. 덕분에 어우동, 어짬뽕, 어볶이, 어파게티 등 다양한 메뉴로 활용이 가능하다. 고래사 해운대 매장은 이제 사계절 휴양지로 변신한 해운대를 대표하는 관광명소가 되었다.

다시 여정을 이어가 보자. 자갈치 건어물시장 건너편에는 영화 〈도둑들〉의 촬영지로 유명해진 부산데파트가 있다. 이 일대를 일제강점기에는 혼마치(本町)라 불렀다. 지금으로 치면 시내 중심가의 시작점이었던 셈이다. 1935년 이곳에 조성된 동광시장에는 일본인이 운영하던 어묵공장이 있었다. 당시만 해도 자갈치시장과 가장 가까운 곳에 있었던 시장이었다. 어묵을 만들기에 최적의 입지였다. 동광시장에 있던 어묵공장은 해방 후 한국인 기술자가 운영권을 넘겨받음으로써 한국인이 운영하는 최초의 어묵공장이 된다. 물론 지금은 동광시장도 어묵공장도 기억으로만 남아있을 뿐이다.

국제시장과 어깨를 맞대고 있는 부평시장은 1910년 우리나라 최초로 세워진 공설시장이자 근대식 시장이다. 1915년 작성된 〈부평시장월보〉에는 쌀, 채소, 과일, 생선, 쇠고기, 두부, 건어물 따위 기본 식재료는 물론이고 가공식품, 과자, 차, 주류, 의류, 속옷을 취급하는 점포까지 망라돼 있다. 그중에는 '가마보코'를 판매하는 점포 3곳도 포함돼 있다. 가마보코는 으깬 생선 살에 조미료를 더해 찌거나 구운 일본 음식이다. 가마보코, 덴뿌라, 깐또, 오뎅 등의 일본식 명칭이, 식품위생법상의 표기를 위해 고기떡, 생선묵을 거쳐 어묵이라는 이름을 갖게 되었다.

부평시장에는 한국인 직접 세운 부산 최초의 어묵공장인 동진식품을 시작으로 많은 어묵공장이 줄을 이어 문을 열었다. 명실상부한 '부산어묵'의 기술과 전통이 시작된 곳이며, 이곳 출신의 기술자들이 전국으로 퍼져나갔다. 대부분의 공장이 장림동으로 이전하면서 그 전통도 끊어지나 싶었는데, 언제부턴가 '어묵 성지'로서의 지위를 오히려 탄탄히 다지고 있다.

각 어묵 회사가 직영점 혹은 대리점 형태로 운영하는 어묵 판매점이 하나둘 늘어났다. 십여 년 전만 하더라도 서너 곳밖에 없던 것이 지금은 20여 곳으로 늘어, 다양한 부산어묵 브랜드가 정면승부를 펼치고 있다. 현장 판매뿐만 아니라 전국으로 보내는 택배 물량을 처리하느라 온종일 분주하다. 이곳에서 판매되는 어묵은 대부분 당일 아침 공장에서 만들어 곧장 가져오거나 현장에서 직접 만들고 있다. 따라서 데우지 않고 그대로 먹는 것이 좋다. '시식 인심'도 넉넉해 다양한 어묵을 한 곳에서 맛볼 수 있다. 탄력·고소함·감칠맛이 두루 어우러진 어묵의 진가를 바로 확인할 수 있다. 이곳에서 어묵을 구매하는 요령은 이것저것 일일이 선택할 필요가 없다. '1만 원어치' '2만 원어치' 하는 식으로 금액을 얘기하면 다양한 어묵을 액수만큼 담아준다. 빠른 손놀림으로 다양한 종류의 어묵을 가격에 맞게 담아내는 솜씨 또한 볼거리다. 물론 덤도 충분히 얹어주고 가장 신선한 어묵을 가장 저렴한 가격에 구매할 수 있는 곳이기도 하다.

부평시장 어묵거리를 나와 '대청로'를 따라 10분쯤 걸으면 여정의 종착지인 부산근대역사관에 닿는다. 역사관에는 사진과 기록물 등을 통해 근대 부산의 흔적들이 고스란히 전시되어 있다. 2층 전시실에는 1930년대 도시 전체의 모습을, 3층 전시실에는 일제강점기 대청로의 시가지 풍경을 재현해놓았다. 덕분에 지금까지 걸어온 과거의 길을 한눈에 돌아볼 수 있다.

어묵의 역사를 훑었으니 이제는 즐길 차례. 음식에 있어 한가지 변하지 않는 명제는 '오래 먹고 많이 먹는 사람들이 다양하게 먹는다'는 사실이다. 부산이 어묵의 메카인 것은, 단지 역사만 오래됐기 때문이 아니고 어묵을 먹는 방식 또한 그 어느 지역보다 다양하기 때문이다. 그러니 이제부터는 어묵을 다루는 부산사람들의 솜씨를 느긋하게 즐겨보자.

우선 찾아갈 곳은 '오뎅집'이다. 부산에는 최소 반세기 이상의 역사를 가진 오뎅 노포가 많다. 비단 부산뿐만 아니라 일제강점기 서울이 '경성'이었던 시절에도 가장 흔한 술집의 형태가 오뎅집이었다. 오뎅은 어묵이 대중화되는데 가장 큰 기여를 했던 음식이기도 하다. 그런데 이 지점에서 한가지 확인하고 갈 대목이 있다. 어묵과 오뎅의 차이다.

어묵은 생선 살을 으깨서 굽거나 찌거나 튀긴 음식이다. 오뎅은 어묵을 비롯해 다양한 재료를 활용해서 만든 요리의 명칭이다. 오뎅에서의 어묵은 여러 가지 재료 가운데 하나일 뿐이다. 따라서 오뎅이라는 일본어를 '어묵탕'이라고 순화한 것은 치명적인 실수고 분명한 오류다.

마라톤오뎅

이것이 얼마나 치명적인 오류인지 확인하고 싶다면 부산 서면에는 있는 '마라톤'으로 가보자. 우선 마라톤이라는 상호 자체가 흥미롭다. 1959년부터 영업을 시작한 이곳은 처음에는 해물지짐과 막걸리를 팔던 곳이다. 시작 당시에는 별다른 상호가 없었다. 자갈치시장에서 구입한 신선한 조개류에 달걀을 풀고 미군 부대에서 수거해온 돼지기름인 '라드'에 튀기듯이 구워낸 지짐을 팔았다. 배고프던 시절, 돼지기름에 해산물이 구워지는 냄새는 사방으로 퍼졌다. 이 구수하고 자극적인 냄새에 사람들은 회가 동했다. 음식점은 순식간에 사람들로 넘쳐났다.

저녁이 되면 이 냄새에 이끌려 온 사람들로 장사진을 이뤘다. 문밖에서 기다리던 술꾼들은 가게 안에서 느긋하게 먹고 있던 사람들을 향해 "빨리 좀 먹읍시다"라며 소리를 질렀다. 그러던 어느 날 누군가 "마라톤 합시다!"라고 외쳤다. 1936년 베를린올림픽 마라톤에서 금메달을 딴 고 손기정 선생은 당시 국민적인 영웅이었고 마라톤은 곧 빠름의 상징이었다. 그날 이후 저녁만 되면 음식점 앞에서는 "마라톤 합시다!"라는 외침이 수시로 들렸다. 결국 이 사건으로 해물지짐의 이름도, 무명이던 술집의 상호도 '마라톤'이 되었다. 그렇게 마라톤이 메뉴명으로 상호로 정착될 즈음 대중이 선호하는 술은 막걸리에서 청주와 소주로 옮겨간다. 안주가 될만한 국물이 필요했다. 때마침 마라톤집의 단골 중에 당시 유명 요릿집인 '명월관'의 주방장이 있었다. 그는 명월관의 인기 메뉴였던 오뎅의 레시피를 고스란히 전수해줬다. 닭과 멸치 그리고 다시마와 무를 베이스로 국물을 뽑고 거기에 튀긴 어묵, 찐 어묵, 토란, 두부, 달걀, 유부 주머니, 소 힘줄(스지) 등을 건더기로 넉넉하게 넣었다. 깊고 개운한 국물에 다양한 건더기가 들어간 마라톤집의 오뎅은 마라톤보다 더 빠른 속도로 손님들의 인기를 끌었다. 마라톤 한 접시와 오뎅 한 그릇이면 더 이상 부러울 것이 없는 술자리였다. 60년 넘는 세월이 흘렀건만 마라톤집의 마라톤과 오뎅은 여전히 그때 그 맛을 유지하고 있다. 심지어 음식점 내부도 당시의 모습을 고스란히 유지하고 있다. 진정한 부산의 노포다운 품격이다. 다시 한번 강조하지만 오뎅은 절대 어묵탕이 아니다.

마라톤의 오뎅이 술안주라면 부산 동구 수정동 '명성횟집'의 오뎅은 밥반찬이다. 명성횟집에서는 '회백반'과 '오뎅백반' 두 종류의 백반

명성횟집 오뎅백반

을 판매하고 있다. 회와 오뎅을 반찬으로 즐기다니! 가히 해양도시 부
산다운 스케일이다. 명성횟집은 횟집이라는 간판을 달았지만 오뎅백
반으로 더 유명해진 집이다. 갖가지 어묵에 유부, 가마보코, 문어, 참소
라, 소힘줄, 미역, 토란, 달걀 등이 옹골지게 들어앉았다. 갖은 재료의
맛이 녹아들어 깊고 개운한 국물은 몸도 마음도 포근하게 다독여준다.
심지어 가격 대비 양도 푸짐하다. 오뎅을 반찬으로 즐기는 흔치 않은
경험을 할 수 있는 곳이니, 놓치면 당신만 섭섭할 것이다.

　향토음식이라고 해서 과거의 유산만 시골 국물처럼 우려먹고 산다
면 그 생명은 짧을 수밖에 없다. 누군가는 과감하게 다음 페이지를 열
어야 한다. 부산 광안리해수욕장 동쪽 끄트머리 민락동에는 최근 부산
어묵의 미래를 가늠할 수 있는, 고급 수제 어묵 전문점 '만다꼬'가 문을
열었다. '만다꼬'라는 상호 자체가 지극히 부산스럽다. 만다꼬는 '뭐 하
러', '굳이 그렇게까지'라는 뜻을 가진 부산 사투리다. 만다꼬에 들어서
면 표주박 형태로 생긴, 동으로 만든 대형 어묵가마가 우선 눈길을 사

명성횟집 오뎅백반

로잡는다. 한번 쪄서 튀겨낸 어묵을 수증기로 계속 데우고 있기 때문에 언제든 최상의 퀄리티를 가진, 다양한 어묵을 맛볼 수 있다. 고등어, 도미, 새우 등으로 만든 어묵과 따뜻하게 데운 국산 청주의 궁합을 즐기다 보면 부산의 밤이 그렇게 아름다울 수 없다. 심지어 문밖은 낮보다 밤이 더 아름답다는 광안리해수욕장이다.

긴 여정을 함께해주셔서 감사하다. 이 여정을 온전히 함께해주셨다면, 이제 당신은 어디 가서 부산 어묵을 좀 먹어봤다고 당당히 말할 자격이 있다. 그리고 이것 한 가지만 기억하자. 어묵을 알았다고 부산을 안다고 할 수 없지만, 어묵도 모르면서 부산을 안다고는 할 수 없다. 부산 사람에게 어묵은 그런 존재다.

이춘호 ┃ 기자

한양대학교 경제학과 박사과정을 수료하였으며,
〈영남일보〉에서 음식 전문기자로 활동하고 있다.
『달구벌의 맛과 멋』, 『산채를 찾아서』, 『대구음식견문록』 등을 집필했다.

부산의 선어는 더 살아 있다
- 활어회와 선어회

이춘호

    살아 있는 생선은 '활어'(活魚), 냉기(얼음)를 가해 부패가 더 이상 진행되지 않는 잘 숙성된 죽은 생선을 '선어'(鮮魚)라 한다. 통상 활어는 수족관, 선어는 냉장고에서 1~4일 숙성과정을 거친다. 활어와 선어 사이에 놓인 게 '빙장어(氷藏魚)'이다. 그런데 활어와 선어는 살아 있는 것과 마찬가지다. 빙장어는 이미 죽은 생선을 얼음 속에 얹어 놓은 건데 내륙의 대다수 재래시장 어물전의 생선이 다 그런 부류에 속한다고 보면 된다.

    세계에서 회(膾)를 가장 좋아하는 두 국가가 있다. 단연 한국과 일본이다. 중국도 회를 좋아할 것 같은데 전혀 반응이 없다. 한국은 '활어권', 일본은 '선어권'이다. 일반인은 활어와 선어의 차이를 잘 모른다. 수족관에서 살아 있는 건 '활어', 그 대척점에 있는 죽은 상태의 생선이 바로 '선어(鮮魚)'다.

    빙장어가 잘 다듬어지면 '빙장회(氷藏膾)'가 된다. '얼음(氷)'에 저장(藏)시킨 생선회'라는 뜻이다. 음식문화칼럼니스트인 부산의 최원준 시인은 "부산은 원래 산 생선을 선호하는 활어회 문화권"이라 설명한다.

그런데 호남 지역은 생선을 숙성시키면 감칠맛이 살아난다는 걸 알고 있었다. 그 영향 탓인지 호남의 생선회 가게에는 사각형 유리함에 얼음과 생선을 채워놨다. 짧게는 몇 시간에서 길게는 며칠까지도 숙성시킨다.

선어와 빙장어를 혼동하는 사람이 의외로 많다. 선어는 잡는 즉시 죽여 피를 완전하게 제거한 뒤 냉장 숙성한 것이다. 빙장어는 죽은 상태에서 유통되는 것이라서 쉽게 부패할 가능성이 높다. 선어는 당일치기의 경우 즉석에서 피를 제거해야 된다. 한국에서는 아가미 중앙(심장)을 찔러 흐르는 물에 씻거나 해수에 담가놓는다. 일본에서는 '이케시메'라고 해서 생선의 양미간에 송곳을 깊숙하게 찔러 넣고 그 구멍 속에 철사를 넣어 사방으로 돌려 척수를 관통해 신경을 마비시키면서 핏물을 제거한다. 당연히 일본에는 활어를 위해 수족관을 운영할 필요가 없다.

선어회는 숙성이 핵심이다. 숙성 일수가 어종마다 차이가 크게 난다. 삼치, 병어, 다랑어 등 푸른 생선과 몸집이 작은 생선은 숙성기간이 상대적으로 짧다. 광어, 다금바리, 돗돔 등 흰살생선과 대형어종은 기간이 길다. 삼치와 병어 등은 대략 반나절, 심해어인 돗돔은 열흘까지도 숙성시킨다.

선어, 제2의 풍미

우리나라에서 죽은 생선은 똥값이다. 하지만 일본의 국민 횟감인 참치는 오직 선어로만 존재한다. 일본은 생선을 4~10일 저온 숙성시킨다. 싱싱한 생선은 즉살해 잘 숙성시켜 제2의 풍미를 만들어낸다. 그래서 일본의 스시 집에는 수족관이 필요 없다. 우리나라에서는 필수인 장거리 이동용 수조차도 사용할 기회가 거의 없다.

얼음과 냉장고, 수족관, 수조차 등이 없었던 시절에는 살아 있는 생선을 즉석에서 먹는다는 건 선원 이외의 사람에겐 언감생심이었다. 대구, 조기, 갈치, 삼치, 꽁치, 청어, 명태, 돔배기, 홍어, 고래고기, 고등어, 문어, 아귀, 참돔…. 1970년대만 해도 대다수의 생선은 선어류였다.

묵나물처럼 죽은 생선을 좀 더 오래 두고 먹기 위해서 별별 아이디어를 다 동원했다. 그중 하나가 소금 간독에 생선을 묵혀놓는 것이다. 소금·된장·고추장·간장독은 그 시절 괜찮은 냉장고였다. 그 과정에 염장 된 다양한 젓갈과 자반 생선류가 태어난다. 당화되는 쌀 등의 전분류를 이용해 식해류도 해 먹었다. 대표적인 게 가자미식해, 영덕 강구항의 밥 식해(홍치 식해) 등이다. 그런 식해의 연장에서 태어난 게 일본 '후나(붕어) 스시'다. 후나 스시는 내장과 피를 말끔히 제거한 뒤 해풍에 말려 건어물로 판매하기도 했다.

대구식 무침회

지금도 대구의 장례식당 식탁에는 절대 빠져선 안 되는 음식이 있다. 바로 '무침회'다. 이 무침회는 지역 주당급 토박이에겐 절대적 힘을 발하는 안주다. 부산의 선창 골목 안 선어무침회와 비슷한 포스를 갖고 있다.

대구식 무침회는 세 종류가 있다. 동구 불로동 무침회와 서구 내당동 반고개 무침회, 그리고 영덕 강구항에서 발원해서 대구에서 꽃을 피우고 있는 미주구리(물가자미) 무침회이다. 불로동 무침회는 전성기에 스무 집 정도가 성업했었지만 1990년대에 쇠락해 이제 태평양 횟집 한 곳만 남았다. 1970년대 중반 '불로시장'에서 '성주관'이란 대폿집을 운영했던 황보택 사장이 경상도 잔칫집에서 인기를 끌던 무침회를 안주로 내면서 히트시킨 것이다. 이곳에는 아나고, 가오리, 한치, 병어, 전어, 문어 등이 축을 이뤘으며, 초장도 걸쭉하다. 한창이었던 시절에는 태평양, 옥포, 성주, 태종대, 황해, 불로횟집, 동해, 제일, 가야, 해운대 등이 호시절을 누리곤 했다.

반고개 무침회는 원래 근처 옛 구남여상 초입에 있던 진주식당의 일명 '화끈 할매'가 손님들에게 낸 무침회에서 출발한다. 그게 크게 히트쳤으며, 이를 반고개 무침회의 원조 격인 전남 광주 출신의 한기석 씨가 배워서 전국에 퍼트린 것이다. 반고개 무침회는 무채와 미나리, 해산물은 오징어와 고둥이 주재료이다. 초장에는 설탕과 물엿, 그리고 청주, 고추장 등이 들어간다. 반고개 스타일은 테이블에 나올 때 초장을 미리 무쳐 내고 불로동 스타일은 손님이 알아서 초장을 비벼 먹는 '셀프식'이다.

미주구리회는 처음부터 비벼서 내지 않는다. '비빌 무침회' 형태로 장만한다. 채를 썬 미주구리를 미나리, 쑥갓, 무채, 당근, 양파 등을 담은 야채 접시 가장자리에 깔아둔다. 별도로 나온 초장은 구미에 맞게 섞어 직접 비벼 먹는다. 일부 식도락가는 식당의 초장을 믿지 않는다. 그들은 식초, 초장, 고추냉이, 된장을 잘 섞어 자기만의 초장을 만든다. 지역의 경우 방천시장 안 엄마손식당, 봉덕동 청산2 등이 인기를 끌고 있다. 이외에도 변두리에 이런저런 미주구리횟집이 산재해 있다.

수족관이 변곡점이었다

세상이 참 많이 좋아졌다. 최첨단 냉동 운반기술 덕분에 활어를 원거리로 이동할 수도 있었고 횟집 수족관에 풀어놓고 활어 회로 팔 수도 있게 되었다. 우리나라의 경우 1990년 초부터 '선어 시대'에서 활어 시대로 건너온다. 선어 시대 때는 항상 식중독이 문제였다. 꾼들 사이에 나돌던 그 '아다리'에 잘못 걸리면 목숨을 잃기도 한다. 특히 하절기에는 비브리오 패혈증 등이 생선 마니아를 노린다.

부둣가 뒷골목 식당가. 초입에 들어서면 초장 냄새가 진동을 한다. 주인들은 상비약처럼 식초에 고추장을 섞은 초장을 갖고 당일 어판장에서 헐값에 사 온 선어로 회무침을 해준다. 여느 포구의 식당가에는 초장 문화가 짙게 스며들어 가 있다. 가장 활성화된 항구는 부산이다. 자갈치시장 속을 파고들면 올망졸망 따개비처럼 박혀 있는 묵은지 같은 선어식당 군을 만나게 된다. 먼 항해에 지친 선원들의 입맛을 사로잡는 술안주 같은, 때론 한 끼 반찬이 되는 선어가 메인메뉴로 등장한다.

광복동 회국수의 명가로 발돋움한 '할매집'의 유명 고명인 가오리도 부산 선어문화의 한 흐름을 장식한다. 그 회국수 때문에 비빔당면도 파생되었다.

저마다 창법이 다른 선어들

목포, 여수, 통영, 삼천포, 부산, 포항 등 국내 큰 항구마다 선창 토박이들은 저마다 선어를 맛있고 안전하게 먹는 비법을 가지고 있다. 그들은 선어의 경우 된장과 초장을 적절하게 잘 섞을 줄 안다. 하지만 왜간장과 고추냉이 등은 그다지 좋아하지 않는다. 본바닥의 기운이 아니라 일반 소비자를 겨냥한 양념이라 여기는 것이다. 그들은 특이하게 당일 잡은 싱싱한 활어회를 그다지 좋아하지 않는다. 그들은 씹힘성이 중요하지 않다. 선어 특유의 풍미, 그리고 '꼬린내'를 갈구한다.

부산은 자타가 공인하는 선어회 메카이다. 부산 뱃사람들은 선어에 엄청 길들여져 있다. 그들은 선창가에 나뒹구는 죽은 생선은 인근 식당에서 헐값에 구입해 술안주로 만들어낸다. 쉽게 상하지 말라고 초장과 채소류를 섞어 무침회 형태로 공급된다. 어느 선창에 가도 그 전통이 있다.

부산은 자갈치시장, 그리고 공동어시장을 두 축으로 선어회 벨트가 형성된다. 선어 전문점의 촉매는 단연 뱃사람이다. 하선하면서 선주의 양해로 가져온 선어를 인근 식당에 가서 술안주 형태로 만들어 달라고 한다. 그럼 주인들은 술값과 양념값만 주고 선어잔치를 벌였다. 그렇게 하나둘 생긴 것이 충무동 새벽시장 인근 선어회거리라고 할 수 있다.

충무동 새벽시장 어물전 선어거리

여기는 정해진 메뉴가 없다. 주인이 주는 대로 먹어야 한다. 오마카세 스타일이다. 매일 생선을 골라 온다. 물때에 따라, 바다 상황에 따라 달라진다.

부산의 선어회 스펙트럼은 의외로 넓다. 하단포 웅어, 명지 전어, 꼬시래기, 대변 멸치, 자갈치시장 고래고기, 시메사바, 그리고 선어회 전문 횟집 등이다. 부산은 일본과 교류에 따른 생활문화의 접촉이 많은 지역이다. 그중 음식문화의 영향도 상당히 서로 주고받았다. 생선회도 예외는 아니다. 한국의 활어회와 일본의 선어회가 서로 교류하고, 양념 등 부재료가 서로 영향을 미친다. 부산의 고등어초회(시메사바)가 그 일례라 할 수 있겠다. 특히 회국수는 선어회와 잔치국수의 절묘한 궁합이랄 수 있다. 부산 회국수에 사용되는 횟거리는 가오리회다. 경주 감포항 회국수에는 참가자미회나 병어회가 쓰이고 강원도 속초나 고성의 회국수에는 명태회가 주로 쓰인다. 부산 회국수의 원조로 통하는 남포동 '할매집 회국수'의 창업자가 남포동으로 이전하기 전인 한국전쟁 직후, 영도 선창가에서 회국수를 시작했을 때부터 부산은 가오리회를 주로 썼다.

이번 글을 위해 부산의 대표적 식객인 최원준 시인의 도움을 받아 부산 자갈치시장 주변 등 '선어문화벨트'를 둘러보고 왔다. 부산 전역은 밀려드는 관광객으로 인해 점차 활어문화권으로 건너가고 있지만, 여전히 심층부에는 선어꾼들의 이야기가 맥동 치고 있다. 지하철 자갈치역 2번 출구로 나오면 연결되는 충무동 해안시장, 새벽시장, 그리고 여인숙 골목, 그 심장부에 도열해 있는 별별 생선가게, 그곳에서는 냉동된 걸 다시 해동 시켜 선어 상태로 판다. 바로 거기에 40년 구력의 '동환할매집'이 있다. 그리고 동환집 좌우로 수야집과 할매손맛이 있

동환할매 김영자 사장님

동환할매 병어 선어

다. 올해 86세의 김영자 사장. 손자 이름을 가게 상호로 정했다. 그날
빙장 되고 있는 어종은 딱 하나, 병어였다. 한창때는 수십 가지 그날 선
어를 초장에 무쳐 내곤 했다. 얼음 위에 올린 이 선어를 이 바닥에서는
빙장회로 부른다. 어떤 경우는 경매사, 선원 등이 가져온 생선을 바로
장만해 그들이 원하는 형태로 안주를 만들어낸다. 주문자 생산방식의
선어집이었다. 이게 초창기 회무침 형태의 선어 시절이었다. 당시에는
그런 집들이 하나둘 늘어났다.

　관광객은 이런 곳을 알 수 없었다. 설령 온다고 해도 분위기가 너무
꼬릿하고 폐쇄적이고 우중충해서 다들 기겁하고 '핫플' 횟집으로 갈
것이다. 그렇기에 이곳은 오직 뱃사람만의 '선어 공동체'였다. 가게 주
인들은 단골의 입맛을 훤하게 꿰고 있다. 최백호의 〈낭만에 대하여〉에
나오는 바로 그 선창의 분위기였다. 이젠 새로운 스타일의 선어집이 많

이 생겼다. 과거에 만들어진 선어집들은 겨우 자리만 지키고 있는 정도다. 동환 할매도 돈이 목적이 아니다. 그냥, 소일 삼아 가게에 나온다. 그래도 아직 이 바닥 뱃사람들에게는 '낮술 한 잔에 선어 한 접시'로 유명한 1세대 선어집이다.

선어집도 진화한다

선어집도 진화를 거듭한다. 어시장에서 태어난 '회무침선어집', 다음은 규모를 가진 횟집에서 전문적으로 선어만 파는 형태, 이어 부산국제영화제 등으로 관광객이 몰려들자 이들을 겨냥한 다양한 바닷가 '선어포장마차', 일본 영향을 받은 '초밥집 선어', 그리고 고급스러운 대형

용광횟집 선어

선어 전문점, 이젠 선어와 활어를 절충한 신개념 선어집도 생겨나고 있다. 생선회 전문강좌를 만든 부경대 조영제 교수는 활어와 선어회의 절충식인 '생생회'란 개념을 제시한다. 활어는 식감은 좋은 반면 감칠맛이 부족하고 대신 선어회는 감칠맛은 좋은 데 씹힘성이 부족한 걸 감안, 둘의 장점을 고루 맛보게 만든 것이다. 보통 활어를 그날 6~8시간 숙성시켜 내는 형태이다.

요즘 가장 비싸고 핫한 충무동 '선어마을'은 돗돔 같은 대형 선어만 부위별로 저며 모둠 선어회 형태로 낸다. 제대로 먹으려면 한 접시 10만 원을 내야 한다. 그리고 부산 서구청 근처 '용광횟집'도 부산의 대표적 선어집이다. 저녁에 그 집을 찾았다. 흰살생선인 도다리·농어·광어가 나왔다. 그날 충분히 숙성시킨 탓인지 즉석 활어회와는 비교할 수 없을 정도의 풍미가 전달됐다. '이래서 다들 선어 선어 하는구나'라고

부산 선어골목

독백했다.

자갈치시장 여인숙 골목도 선어골목으로 유명하다. 20~30년 전 원양어선 등 장기 출항을 하던 선원들이 임시로 머물던 여인숙이 지금도 옹기종기 모여 있다. 그들의 까다로운 식성을 알아서 잘 챙겨주는 선어집이 하나둘 생겨난다. 거제선어, 남이네, 포항, 삼천포, 김해, 순자네 등이 지금까지 이 자리를 지키고 있다.

영도 '달뜨네'는 후발주자로 시메사바(고등어초회) 전문점으로 유명해졌다. 부산의 고등어초회는 일본의 고등어초회보다 고등어를 '초물'에 적게 노출시키는 데다, 식초 함유량도 적어 활고등어의 식감을 한결 잘 살려내기에 쫄깃하고 탄성도가 높다. 등 푸른 생선 특유의 부드러운 육질과 적당히 배어있는 구수함과 감칠맛, 생선 비린내를 잡아주는 은은한 식초 향 등이 전체적으로 상큼하고 새콤한 뒷맛의 여운을 남긴다.

'달뜨네' 위승진 사장과 최원준 시인

이밖에 충무동 '선일선어횟집', 자갈치시장 내 '명물횟집' 등도 핫하다. 이들 선어 전문점은 수족관이 없다는 게 특징이다. 이들 선어골목 라인은 생선구이백반집으로 발전하게 된다.

김한근 ┃ 향토사학자

약 35년 전부터 우리 역사와 문화를 좋아하여 전국을 탐방 다녔다.
1990년대 후반부터 부산의 역사에 미쳐서
근대 시기 부산과 경남지역의 옛 사진과 지도 등을 수집하여
향토사 분야를 연구하는 〈부경근대사료연구소〉를 운영 중이다.

동래파전 먹으러 동래장터 간다
- 동래파전

김한근

전(煎), 당당한 주전부리

필자는 1990년경 강원도 영월지역 문화 탐방을 갔다가 깜짝 놀란 일이 있었다. 영월시장에서 점심을 먹고 있는 바로 옆에 전을 부쳐 파는 가게가 있었는데 여러 전 가운데 유독 배추전을 수북히 쌓이도록 만들고 있는 것이었다. '배춧잎으로 전을 부치다니?' 궁금증에 식당 주인에게 여쭈어보니 장을 보러 오시는 분들 가운데 이 가게에서 만든 배추전을 사 가는 사람들이 제법 많다는 것이었다. 당시 나이 30대 중반이었던 필자는 신선한 문화 충격을 받았다. 포항에서 태어나 6살 때 부산으로 이주해 온 이후 그때까지 배추전은 처음 본 것이었다. 문득 어릴 때 즐겨 사 먹었던 국화빵이 문득 떠올랐다. 밀가루 반죽 사이에 팥 앙금이 살짝 들어간 것이 그렇게 맛있을 수 없었던 기억들이. 그렇구나, 먹을 것이 변변하지 않던 시절 마치 도배풀처럼 헐렁하게 만든 밀가루 반죽으로 부추나 쪽파, 깻잎 등 온갖 흔하디흔한 야채들을 동원해서 허기를 달랬던 것이 오늘날 시장 한켠에서 전(煎)이라는 이름으로 당당한 주전부리로 자리 잡고 있구나 싶었다.

전(煎)이란?

전(煎)이란 생선이나 고기, 채소 따위를 얇게 썰거나 다져 양념을 한 뒤, 밀가루 반죽을 입힌 뒤 기름에 지져서 익힌 음식을 통틀어 일컫는 표현이다. 전(煎)을 지방에 따라서 달리 부르기도 하는데 경기도에서는 부침, 부침개 또는 지짐이(찌짐이) 등으로, 경상도 지방에서는 '지짐(찌짐)', '지짐이(찌짐이)'라 부른다. 본래 '지짐이'는 순우리말이라 한다. 그런데 '지짐이'라는 표현이 일본어 지지미(チヂミ)와 같은데 이는 과거 재일 한국인들 가운데 특히 경상도 출신 사람들이 이 요리를 일본에 퍼트려서 유래되었다 한다. 아마 전을 부칠 때 기름에 '지지지~' 소리를 내면 익는 데서 유래한 것으로 예상한다.

전 요리는 크게 튀김식과 지짐식으로 나누기도 한다. 튀김식은 고구마·굴·버섯·돼지고기·참치·호박 등을 약간 됨직하게 한 밀가루 반죽을 듬뿍 묻혀 약간 깊이가 있는 팬에 기름을 듬뿍 넣어 풍덩 담그듯 하여 익혀내는 방식이며, 지짐식은 감자전·김치전·녹두 전(빈대떡)·메밀전·배추전·부추전·파전 등과 같이 그저 펑퍼짐한 팬 등에 기름을 살짝 두르듯 하여 구워내는 방식이다.

전이 튀김식이든 지짐식이든 주재료에 밀가루를 먼저 묻히고 (재료의 상황에 따라) 달걀옷을 입혀 부쳐낸다는 것은 동일하지만 반죽이 메인이냐 속 재료가 메인이냐에 따른 차이와 조리법이 다르다는 차이도 있다. 일반적으로 파전·부추전·김치전·배추전·녹두전·밀전병 등 밀가루나 기타 반죽이 주가 되게끔 하면서 넓적하게 부쳐내는 종류는 지짐식이라 할 수 있지만 호박전·생선전·산적·동그랑땡(고기완자)·돔배기전(경상도식) 등과 같이 재료가 주가 되면서 기름을 다소 많이 사용하여 튀겨내듯 요리하는 것은 튀김식에 해당한다. 결국 튀김식을 듬뿍 기름에 튀겨내는 방식이고, 지짐식은 기름을 약간 둘러 구워내는 방식이라 할 수 있다. 명절이나 제사상에 오르는 산적과 같은 적의 경우 본래 전 종류의 음식이 아니지만, 변천을 거치며 이 분류에 넣기도 한다.

전은 재료의 다양성뿐 아니라 여러 가지 재료를 복합한 퓨전식, 예를 들면 김치+육고기= 김치고기전이라든가 김치+참치= 참치김치전 등 만드는 사람의 취향대로 변형하기도 한다. 뿐만 아니라 여러 가지 재료를 한 번에 섞어 모둠전을 만들기도 한다. 전을 만드는 과정을 보통 '전을 부친다'라는 표현으로 쓰는 편이다.

한국에서의 전은 명절과 잔치, 제사상 등에 빠짐없이 들어갈 뿐 아니라 일부는 길거리 음식으로도 매우 인기가 높아 간식이나 군것질용으로도 애용된다. 이처럼 전은 한국인의 특징적인 음식이라 할 수 있다.

전(煎)은 날궂이 음식?

전은 특히 비가 오거나 날이 꿉꿉하거나 하면 묘하게 떠오르는 음식이라는 인식이 강하다. 실제로 여름 장마철에는 전의 주재료인 밀가루 등의 수요가 크게 증가한다는 통계도 있다고 한다. 날씨가 흐리거나 비가 오는 날이면 주변에서 "날씨가 꿉꿉한 게 비 올 것 같네. 우리 찌짐이나 부쳐 먹을까"라는 말을 심심찮게 듣기도 하는데 이는 과학적 근거가 있다 한다. 우리 몸에는 기분을 좋게 하는 '세로토닌'이라는 신경전달 물질이 있다. 밀가루에는 '세로토닌'의 주성분인 아미노산과 비타민B가 풍부하기 때문에 기온과 일조량이 낮아지면 우리 몸 스스로가 세로토닌 분비를 유지하기 위하는 점이 작용하기 때문이라는 것이다. 즉 세로토닌이 감소하면 우울, 의욕 상실, 초조함 등의 금단현상이 오기 때문에 날씨가 궂거나 추울 때 뇌가 스스로 세로토닌 분비를 요구하는 것이 밀가루 음식인 부침개를 요구한다는 것이다. 게다가 습한 날에는 냄새가 낮게 퍼지는데 부침개를 부칠 때 퍼지는 구수한 기름내가 뇌를 자극해서 세로토닌 분비를 촉진시키는 작용한다는 말이 있다. 그래서 날씨가 궂은 날이나 추운 겨울에 먹는 부침개가 더 맛있다는 것이다.

부산 향토음식 1번, 동래파전

  향토음식이란 그 지방의 재료와 조리법으로 조리하여 타지방과 차별화된 음식으로 그 지방 사람들의 사고방식, 생활양식 각종 문화행사의 특성을 가진 음식을 말한다. 부산시 농업기술센터에서 지정한 부산 향토음식으로 지정된 12가지가 있다. 부산 향토음식으로 지정된 음식은 동래파전, 돼지국밥, 밀면, 흑염소불고기, 생선회, 붕어찜, 아귀찜,

낙지볶음, 해물탕, 재첩국, 복어요리, 곰장어요리 등이다. 이들 부산 향토음식 가운데 유일하게 지역명이 들어간 음식이 한 가지 있으니 곧 동래파전이다. 일반인들이 생각할 때 온통 대규모 아파트 단지뿐인 동래의 향토음식에 '웬 파전?'하며 고개를 갸우뚱할지도 모른다. 지금 동래구는 주변에 금정구, 연제구, 해운대구, 기장군 등에 둘러싸여 있지만, 이들 구군이 예전에는 모두 동래구 관내였다. 과거 이렇게 넓은 동래구 일대에서 생산되는 온갖 토산물들이 동래장으로 모여드니, 자연스레 지역 토산물을 이용한 음식이 탄생하는 가운데 동래파전이 그 맥을 이어온 것이다.

시인이자 음식문화칼럼니스트인 최원준 시인은 "동래파전이 전국적으로 유명해진 것은 1980년대 초반이다. 당시 전국 각 지역의 유명 음식을 서울 여의도에 한데 모아 향토음식 장터를 열었는데, 이때 부산은 '동래파전'과 '산성막걸리'를 출품해 큰 인기를 끌었다. 많은 사람이 동래파전 한 점에 산성막걸리 한 잔을 들이켰는데, 두 음식의 궁합이 그야말로 '찰떡궁합'이었다. 이때부터 전국적으로 '막걸리에 파전'이라는 공식이 널리 인식되는 계기가 됐다."라고 한다. 이후 동래파전은 1990년대 지방자치제 시행으로 시·군별 전통·향토문화 발굴 과정에서 1999년에 '부산시 향토음식 1호'로 동래파전이 지정되었다. 그리고 동래지역 전승음식, 곧 향토음식이라는 자부심으로 2004년에는 '동래파전연구회'가 발족하면서 동래파전 고유의 기법을 전승하고자 노력하는 일이 가시화됐다. 어떤 누리꾼은 부산 가면 꼭 먹어보아야 할 음식 6가지를 선정하면서, 개금 밀면, 초원 복국, 18번 완당집, 기장 곰장어, 대연동 쌍둥이돼지국밥, 그리고 동래할매파전을 꼽기도 한다. 그는 동래할매파전에 대해서는 '피자 안 부럽다'는 소제목을 달면서까지 소개하고 있다.

동래파전이 인기가 있는 이유

카카오맵 지도를 열고 '동래파전'을 검색하면 전국에 15곳이 나타난다. 이 가운데 부산은 동래구 2곳을 비롯하여 5곳이 있다. 이들 5곳 이외에도 파전을 술안주 등으로 만들어 파는 가게들이 많겠지만 동래파전이라는 이름으로 나타나는 가게가 본 고장인 동래구에 두 곳뿐이라는 것이 매우 아쉽다. 그래도 명색이 '부산시 향토음식 1호' 동래파전인데. 아마 굳이 동래파전이라 하지 않아도 이미 파전이 길거리 음식으로 자리 잡고 있는 데다 술안주로 파전을 부쳐내는 가게들이 많기 때문이 아닌가 생각된다. 아니면 광복로 뒷골목이 90년대까지 고갈비 골목으로 명성을 날릴 때 12곳의 고갈비 가게가 이제는 '남 마담' 한 곳만 남아 있는 것이 고갈비라는 단품 안주로는 가격이 높다는 것이 인식되어서 그런지도 모른다. 사실 일반 주점에서 파전은 8천 원 ~ 1만 원 정도 가격인데, 동래파전은 1만 5천 원 ~ 2만 원대 가격이니 다소 부담이 되어서 그런가 싶다.

아무튼 동래에서 '동래파전'이라는 이름으로 운영하고 있는 가게는 두 곳으로 한 곳은 동래온천장, 다른 한 곳은 옛 동래구청 바로 옆이다. 이 두 가게 가운데 동래파전을 전통 방식으로 제대로 부쳐내는 곳을 꼽으라면 필자는 옛 동래구청 옆 동래할매파전을 꼽고 싶다. 사실 음식이란 조리하는 사람 나름 재료의 특성을 살리는 조리법과 특성이나 취향이 있기 때문에 이것이 옳다, 저것이 옳다 하기에 무리가 있다. 하지만 필자가 관련 내용을 조사하고 여러 사람에게 자문을 한 바로는 동래할매파전이 동래파전의 전통을 제대로 이어오고 있을 뿐 아니라 전통음식의 현대화에도 기여하고 있다는 것이 중론이었다.

동래 파전의 전승을 이어온 동래할매파전

동래할매파전은 현재 4대를 이어 온 약 100년의 역사를 지니고 있다 한다. 명실상부한 100년 가게인 것이다. 역사는 1930년대로 거슬러 올라간다. 근대 개항 이후 일제가 조선 군대 해산령을 내린 후 동래읍성(동래성)을 지키던 조선 군대가 해산되었다. 이후 동래성은 점차 폐허로 변해가는 과정에 과거 잡인들의 출입이 엄격히 통제되었던 동래성 안으로 민가가 들어서고, 성문 앞에서 펼쳐졌던 5일 장인 동래장이 동래성 안으로까지 확대되었다. 그러다 1930년대에 이르면 동래성 성곽은 대부분 허물어지고 일제에 의한 도시계획으로 성내에 도로들이 들어서게 된다. 당시 동래가 차지하던 범위는 기장, 해운대, 연제구 등이 포함된 규모로 장이 열리는 날이면 물건을 사거나 파는 사람뿐 아니라 동래성 주변 주민들도 시장 한켠에서 국밥이나 주전부리 등을 팔곤했다. 이런 시기에 동래파전이 저잣거리 음식으로 나타나게 된 것으로 보고 있다. 과거 농경사회 시기 잔치나 농사 중간의 참으로 이용하던 음식들이 거리의 음식으로 나타난 것이다. 동래파전은 기장지역에서 대량생산되는 기장 쪽파가 동래장으로 유입되면서 자연스레 밀가루나 쌀가루, 혹은 찹쌀가루 등을 묽게 반죽하여 전을 만드는 것이다. 게다가 동래장에는 기장이나 해운대 등지의 해산물도 유입되는 지역이다 보니 쪽파에 각종 해산물이 가미되면서 음식의 풍미를 돋우게 되었고, 자연스레 지역의 향토음식으로 자리매김하게 된 것이다.

동래할매파전 야간 전경 – 사진 왼쪽 끝에 서 있는 나무가 2012년 쓰러진 팽나무의 후손목이다.

최원준 시인은 동래파전의 역사를 근대 개항 이후 과거 동래부 교방청에 속해있던 기생들이 면천(免賤)되면서 생계를 위해 지역 토호나 양반들이 출입하는 기생집을 열어 교방청의 음식을 제공하게 되었고, 이를 통해 대중화된 것으로 보고 있다.

2대 전수자인 이윤선 할머니께서 '제일식당'을 운영하던 시절의 가게 모습

동래할매파전 홀 내부 – 1929년 지은 집의 안방이 지금은 손님들을 위한 홀이 되었다.

이렇게 대중화된 동래파전이 동래할매파전으로 자리 잡게 된 것은 1930년대 현 김정희 대표의 고조 시어머님이 기장 쪽파에 새우, 조갯살 등을 넣어 만들어 잔치나 집안 행사, 혹은 평소 간식처럼 만들어 먹던 것에서 비롯되었다 한다. 이를 며느리인 이윤선 여사가 이어받아 집 앞 공터에서 마치 거리 음식처럼 만들어 팔았다. 장소가 마침 동래구청 바로 옆인지라 사람들의 내왕이 많은 곳인데다 바로 뒤에 당시 200년이 훨씬 넘는 팽나무 고목 한그루가 마치 파전의 품격을 인증하듯 서 있었다. 이곳을 오가는 사람들에게는 파전의 풍미와 함께 팽나무 고목이 주는 풍광이 어우러져 한 번쯤 들러 맛을 보게 되는 마치 추억의 장소가 되었다. 어느 정도 장사에 탄력이 붙으면서 집 앞에 있던 가게를 빌려 제일식당이라는 상호를 내걸게 되면서 본격적으로 동래파전이 세상에 등장했다. 이후 현 김정희 대표의 시어머님에게 연계되고, 시어머님 옆에서 파전 장사를 거들던 김 대표가 1994년부터 4대를 이어 지금까지 전해오고 있다. 상호를 '동래할매파전'이라 한 것은 동래파전이 일반 명사로 사용되니 가게를 운영하는 입장에서 별도 브랜드를 사용하게 된 것이다.

동래파전을 탄생시킨, 기장 쪽파

부산의 향토음식의 대표 격인 '동래파전'의 주재료는 기장 쪽파이다. 쪽파는 대파와 양파의 교배종으로 실파라 부르는 어린 대파와는 달리 뿌리 쪽 머리끝이 약간 둥글다. 부산에서 쪽파의 주생산지는 기장으로 그 재배 시기가 오래되었다 한다. 최원준 시인에 의하면, 조선 시대 문인이자 식객(食客)인 심노숭(沈魯崇)이 기장에서 유배 생활을 하며 남긴 『남천일록(南遷日錄)』(1806)에 기장지역 쪽파 재배에 관해 기술하고 있다고 한다. 이렇게 볼 때 기장 쪽파의 역사는 1800년대 이전부터 기장을 중심으로 재배한 것으로 추정되니 그 역사는 200년을 훨씬 뛰어넘는다.

기장 쪽파는 재배 역사도 역사이지만 지의 지리적 특성으로 인해 다른 지역의 쪽파보다 귀하게 사용되었고 또 비싸게 팔렸다. 즉, 비옥한 황토에 해양성 기후와 유기질이 풍부한 토양, 청정 지하수 등 최적의 재배 조건뿐 아니라 사철 바닷바람을 맞는 지리적 여건이 다른 지역과 분명한 차별이 있다는 것이다. 그래서 일반 쪽파와 달리 맛이 달고 순하며, 향이 진하고 식감이 좋을 뿐 아니라 신선도가 오래 유지되는 특

김은곤 작가의 도마 위에 그린 쪽파 – '도마 위에 그린 쪽파' 그림이 너무 사실적이어서 직접 구입해서 현재 동래할매파전 홀에 전시하고 있다.

징으로 유명하다. 그리고 기장 쪽파는 다른 쪽파에 비해 입안이 알싸할 만큼 맵지만, 익혀 먹을 때는 단맛을 내는 특성이 있어 다양한 고급 음식의 식재료나 양념으로 널리 활용되고 있다.

기장 쪽파는 일광면·장안읍·기장읍을 중심으로 약 300여 농가가 67 ha 규모로 재배하고 있다. 주로 노지에서 3기작으로 재배하며 연간 생산량은 약 4000t에 이른다고 한다. 특히 기장 쪽파는 국내 쪽파 중 유일하게 2018년 지리적 표시제 등록 농산물 자리에 올랐다. 역사적이나 그 독특한 특성 때문에 다른 지역의 쪽파와 차별되기에 '기장지역에서 생산·가공된 특산품'임을 표시하는 '농산물 지리적 표시 제105호'로 등록된 것이다. 그래서 재배 농가들은 기장 쪽파의 연작장해를 막고 품질을 높이기 위해 주기적으로 휴경하거나 감자·옥수수 같은 다른 작물과 돌려짓기하는 등 재배관리를 철저히 하고 있다. 기장 쪽파는 초장이 다소 짧고 얇아 다른 지역 쪽파에 비해 향이 진한 것이 특징이다. 그래서 '동래파전'은 기장 쪽파의 특징과 우수성을 가장 잘 이용한 음식으로 평가받고 있다.

동래할매파전의 특징

경상도 지역의 웬만한 전통시장(재래시장)에 가면 파전을 비롯한 각종 전을 구워 파는 가게나 행상들이 있다. 하지만 이들 파전은 그저 구워낸다는 표현이 어울릴 정도로 파를 비롯한 각종 야채 등을 기름을 두른 팬이나 번철에 구워 익히는 정도이다. 게다가 요즘 세대 입맛에 맞추어 밀가루 반죽에 튀김가루도 적당히 섞어 구워내기도 한다. 이렇게 하니 '부친다'는 표현보다 '구워낸다'는 표현이 어울릴 정도이다.

하지만 동래할매파전은 전에 사용되는 재료나 부쳐내는 과정에서 분명한 차이가 있다. 먼저 기름은 가급적 유채유나 올리브유, 콩기름 등 식물성 기름을 사용하여 느끼한 맛이 없도록 한다. 빈대떡의 경우 돼지비계를 사용하여 굽기도 하지만 이는 과거 식물성 기름을 구하기 어려웠던 시절의 방식인데 오랫동안 이에 길들여진 사람들이 돼지비계의 고소한 맛을 잊지 못해 지금도 그렇게 하고 있는 것이다. 일반 파전은 맹물에 밀가루 반죽을 하지만 동래할매파전은 멸치를 우려낸 물에 밀가루뿐 아니라 찹쌀과 멥쌀을 적당히 섞어 고소하고 찰진 맛을 더한다는 것이다. 그리고 일반 해물파전의 경우 냉동 오징어와 같은 값싼 해산물을 사용하지만 동래할매파전의 경우 키조개, 대합, 새우 등 고

동래파전의 주재료인 쪽파　　　　동래할매파전 주방에 준비된 동래파전 부침 재료들

급 해산물을 사용하고 있다. 밀가루 반죽과 해산물이 섞여 파전이 어느 정도 익어갈 무렵, 마지막으로 계란을 풀어 얹은 다음 두 번 정도 뒤집었다가 뚜껑을 잠시 덮었다가 내놓는다. 이렇게 하는 것은 일반 파전에 비해 약간 두툼하기 때문에 해산물의 풍미가 골고루 스며들면서 완숙하기를 기다리는 것이라 한다. 그리고 일반 파전과 달리 반죽의 색상이 마치 도토리묵 색깔에 가까운 것은 반죽을 할 때 장을 살짝 넣어 양념이 골고루 배도록 한 것이다. 이렇게 다양한 부재료가 들어감으로 인해 찍어 먹는 소스가 간장이 아닌 부드러운 초고추장을 사용한다. 다양한 해산물이 들어가 있기 때문에 간장보다는 연한 초고추장에 찍어 먹으면 잘 익은 쪽파와 조갯살 등의 해산물이 쪽파 향을 머금은 반죽과 함께 입안에 화사하게 퍼진다. 물론 식성에 따라 간장 소스에 적셔 먹을 수도 있다.

동래할매파전에 얽힌 이런저런 이야기들

옛 동래구청 옆에 자리 잡은 동래할매파전은 3대째 운영하던 김옥자 여사가 운영하던 시기 동래지역 곳곳에 동래파전을 만들어 파는 가게가 문을 열었다. 당시 동래온천 주변과 금강공원 입구에 많은 가게가 동래파전을 취급했다. 특히 1970년대 중반 이후 캠핑과 등산 인구가 서서히 대중화하면서 금정산성 등산 후 하산길 뒤풀이로 동래 온천장 일대 동래파전과 산성막걸리가 큰 인기를 끌었다. 한때 "동래파전 먹으로 동래장에 간다"라는 말이, "파전에 막걸리 한잔하고 헤어짐세"로 변할 정도로 동래 온천장 주변에 파전에 막걸리를 마실 수 있는 주점들이 많았다. 애주가들로서는 가격도 저렴한 데다 빨리 만들어 나오니 간편 술안주감으로는 최고였다. 게다가 동래 주변에는 산성막걸리와 기찰막걸리가 있어 이들 막걸리와 함께하는 동래파전은 배 속을 든든히 채울 수 있으며 그 풍미가 한껏 좋았다.

동래파전은 일반 파전에 비해 약간 투툼하기 때문에 입안 가득 찰진 맛을 느낄 수 있는 특징이 있다. 그런데 당시 대부분 가게는 파전을 서서히 익혀, 동래파전 특유의 묵직한(?) 맛보다는 그저 구워내는 정도에 불과했다. 게다가 1990년대 이후 시중에 각종 다양한 식재료가 나타나면서 젊은이들 사이에 파전 밀가루 반죽에 빵가루나 부침가루를 섞은 조리방식이 서서히 유행하기 시작했다. 결국 이런 맛에 길들여진 유·청년들이 나이가 들어서도 그런 식습관에 길들여진 탓인지 파전은 약간 탄 듯한 고소한 풍미가 나야 제맛이라는 인식에 사로잡히게 되었다. 이런 탓에 두툼하면서 속이 약간 촉촉하면서 찰진 맛이 나는 동

동래할매파전　　　　　　　　　　일반 시장에서 부치는 파전 모습

래할매파전의 경우 무언가 약간 덜 익은 듯한 느낌으로 받아들인 것이다. 꼭꼭 씹히는 맛이 아닌 물컹하면서 약간 찰진 맛에 대한 민감한 반응들이 나타나기도 한다. 동래할매파전이 일반 파전과 달리 특유의 조리법에 의한 특별한 별미를 이해하지 못한 사람들이 덜 익었다며 항의를 하기도 한다는 것이다. 그리고 파전이 일반 시장 한켠에서도 부쳐내는 만큼 가격이 저렴한 대중 음식이라는 인식이 보편화되다 보니 동래할매파전은 가격이 너무 높다는 것에 대해 일부 공격성(?) 항의를 개인 블로그 등을 통해 표현하기도 한다.

　　하지만 이는 지역의 전통음식의 자부심을 지키고, 이를 제대로 전승하기 위한 노력에 대한 이해 부족이라 생각한다. 다양한 손님들이 드나드는 향토음식점인 만큼 이에 걸맞게 가게도 꾸며야 하고, 유명세만큼 직원들에 대한 대우도 합당하게 해야 하는 운영자의 입장을 이해한다면 함부로 폄하하지 못할 것이다. 일반 길거리 원두커피는 2천 원이면 사 먹을 수 있지만 호텔 커피숍은 최소 5천 원 이상 지불해야 하는 것과 같은 이치가 아니겠는가. 그동안 동래할매파전이 일반적인 파전 가게가 아닌 파전 전문요리점으로 자리 잡기까지 많은 노력을 기울인 점에 대해 이해할 필요가 있다. 현 김정희 대표는 지난 30년간 파전뿐 아니라 일반 요리에 대한 공부와 연구를 게을리하지 않았다 한다. 그는 한·중·일식 요리에서 복어요리, 약선요리, 건강식 요리에서 외식 전문가 자격까지 획득하여 누구보다 당당한 전문 요리사라 할 수 있지만, 지금이 제일 어렵다며 겸손해한다. 알면 알수록 더 어렵다는 말이다.

동래할매파전은 백종원이 입맛을 다시며 다녀갔어도 전혀 홍보를 하지 않고 있다. 당시 소문난동래파전과 동래할매파전 두 가게의 음식을 놓고 패널들이 시식한 후 이를 평가하는 내용의 방송 출연 요청이 왔었다. 하지만 동래할매파전은 한마디로 거절했다고 한다. 음식이라는 것이 조리하는 사람마다 특유의 조리법이 있는데 이를 일반 패널들이 당신의 입맛에 따라 순위를 매긴다는 것이 도저히 이해할 수 없다는 것이었다. 그러다 보니 인터넷에서 동래파전을 검색해 보면 대부분 소문난동래파전이 압도적 우위로 소개되고 있다. 동래할매파전을 운영하는 김정희 대표는 단호하게 표현한다. 전통만 지키는 것이 아니라 그 격을 지키기 위한 노력도 해야 한다는 것이다. 백종원이 다녀간 것과 관련해서는 방송에 나온 것을 상업적으로 이용하는 것이 격에 맞지 않다는 것이다. 그러다 보니 일부에서는 "자신감이 없으니 허세를 부린다"는 악평도 서슴지 않는다고 한다. 하지만 동래할매파전은 대통령

1990년 동래할매파전의 3대 전수인 김옥자 여사의 동래파전 시연회 ⓒ이상길

동래할매파전 옆의 보호수 팽나무(1992년 5월), ⓒ이상길

앞에서 요리를 시연한 역사도 있었다. 1980년대 초 고 전두환 대통령이 부산에 초도 순시를 왔을 때 시어머님이 직접 숙소인 조선비치호텔까지 가서 동래파전을 부쳐드렸다 한다.

　동래할매파전 바로 앞에 300년 가까운 수령의 팽나무 한 그루가 있다. 지난 2012년 5월 30일 당시 부산에 큰바람이 몰아쳤는데, 이 일대에 큰 돌풍이 지나가면서 나무가 쓰러졌다. 결국 나무는 밑둥치만 남겨두고 베였는데, 신기하게도 이후 밑둥치에서 싹이 다시 나와 지금 어른 팔뚝 굵기로까지 자라고 있다.

동래할매파전의 백년가게 인증패

동래파전의 전통을 지켜나온 동래할매파전이지만 현재 음식점 인근에 관광버스를 주차할 공간이 없는 데다 최근 코로나19 사태 이후 관광객들의 발길이 끊어지면서 많은 어려움을 겪고 있다 한다. 하지만 20년 넘도록 한 식구처럼 일하고 있는 직원을 비롯해서 6명의 직원과 함께 묵묵히 전통을 지켜오고 있다.

　　최원준 시인은 "동래파전은 제각각의 맛을 내는 다양한 재료가 '한 가지의 맛' 속에 모여 서로 어우러지고, 하나의 공통된 맛 아래 스스럼 없이 뭉치는 '개성과 화합의 음식'이라 할 수 있겠다"라며 '부산 향토음식 제1호 동래파전'의 격을 찬양하고 있다.

오지은 | 디자이너

소통하는 디자이너가 되고 싶다.
다양한 사람들과 다양한 시각으로
상식적인 세상을 설계하고자 한다.

영양가 높은 추억의 구황음식
- 곰장어

오지은

"언니. 지난주 우리 집 가족들이 서울에서 놀러 왔었어. 부산의 맛집을 안다기에 함께 갔었는데 재료의 조합도, 맛의 궁합도 정말 좋더라. 블로그에서도 유명하대. 내가 부산 근교에서 몇 년을 살아도 횟집, 고깃집, 바닷가 카페 등 뻔하다 생각했거든. 앞으로 부산 음식 소개 많이 시켜 주라. 서울로 떠나기 전에"

서울 동생이 말하는 '부산의 음식'은 부산에 소재한 음식점의 유명한 음식, 음식의 뿌리가 어디든 어묵처럼 부산 스타일로 발전된 음식, 부산에서 만들어지고 부산역사와 함께하여 부산사람들이 고향의 음식이라고 생각하는 부산의 전통음식을 모두 내포하는 말이었다. 동생이 소개한 부산의 음식은 피자와 스파게티다.

약속한 날은 바람과 비가 세차게 내리던 날이었다. 1시간 너머 운전해 온 동생과 함께 방문한 곳은 자갈치 곰장어 집이었다. 삐걱거리던 공영주차장에 주차를 하고 곰장어집으로 갔다. 블로그에도 이름난 집이었다.

비가 와서 그런지 손님은 적었다. 가게 문 앞에 진열된 어장에서 산 곰장어가 꿈틀대고 있었다.

"어서 오세요"

주인 부부가 식사를 하다 반갑게 맞이해 주었다. 우리는 머리와 옷의 빗물을 털고 앉아 곰장어를 주문했다. 동생은 낮은 천장 아래 가게 곳곳에 묻어 있는 오래된 시간의 흔적을 살펴보느라 바빴다.

"언니. 곰장어가 원래는 음식이 아닌 가죽으로 먼저 사용했다고 하더라고. '꼼장어'라는 이름도 원래 '곰장어'인데 석쇠에 올려놓으면 꿈틀거리니까 '꼼장어'라 불렀다고 들었어. 부산사람들의 센 발음 때문이라는 설도 있고"

"맞아. 원래 정식 명칭은 먹장어야. 심해에 살다 보니 눈이 멀었다고 맹장어, 묵장어라고도 불러. 그런데 서울내기인 니는 부드럽게 곰장어로 말하고, 나는 꼼장어라 하네. 내가 대학생 때는 우리가 지나온 자갈치 신동아 시장 건물이 지어지기 전이었어. 그 자리의 해안선을 따라 노상에 생선과 꼼장어를 파는 좌판이랑 포장마차들이 많았지. 해 질 무렵이면 해안가를 따라 쭉 펼쳐진 좌판에 카바이드 불이 환하게 켜지고, 술마름에 찾아 든 사람들이 작은 상 앞에 쪼그리고 앉아 꼼장어 양념구이를 주문하면 바로 옆에서 아주머니들이 산 꼼장어를 잡아 껍질을 쭉쭉 벗겼어"

"그 장면을 바로 옆에서 본다고? 그걸 보고 어떻게 먹어?"

"선배들이랑 처음 여기 왔을 때 나도 그게 징그러워서 눈을 감고 인간들 잔인하다 주절댔지. 그러다 눈을 떠보면 해안가 주변으로 여기저기 하얀 연기가 피어오르고 코끝에 퍼지는 숯불꼼장어 향으로 갑자기 배가 고파져서 허기진 눈빛으로 옆을 쳐다보면 아지매가 껍질은 한데 모아두고 벌거벗긴 꼼장어를 도마 위에 얹어 탁, 탁, 탁 자른 후 양파, 파, 고추, 빨간 양념장들과 함께 휙휙 버무리는 거야. 그리고 잘 달아오른 연탄 위에 석쇠를 놓고 포일을 깔아서 그 위에 양념과 함께 장어를 부어 굽기 시작하면 죽은 줄 알았던 꼼장어가 격하게 꿈틀거리지. 연기와 함께 잠잠해지면 그때부터 젓가락 전쟁이야. 재밌지 않아? 양가적 감정을 품은 낭만의 구황음식이라니."

"사장님이 꼼장어 들고 오신다. 이게 얼마만 인지."

"언니, 알지? 사진 남겨야 하는 거. 잠깐 기다려."

"맛도 다 식겠다. 이제 묵자."

서비스로 음료수를 갖다주시며 사장님이 말을 건넸다.

"비 오는데 오신다고. 욕보셨네예. 우리 집 꼼장어 맛있지예?"

"네. 너무 맛있어요. 불맛이 배인 곰장어 살이 퍼지지 않고 꼬들꼬들 싱싱하니 씹을수록 고소하고요. 뼈가 없다는 말은 들었지만 씹어 보니 먹기 편하고, 통째로 먹을 수 있어 좋기도 하고, 촉감도 쫄깃쫄깃하니 다른 장어보다 맛있는 것 같아요. 곰장어 굵기도 씹는 맛을 즐기기에 적당한 것 같고. 양파의 아삭아삭한 느낌이랑 곰장어 쫄깃함도 잘 어울리고, 특히 요 깻잎이랑 방아잎 향의 궁합이 좋네요. 게다가 느끼할 것 같던 장어 기름 맛을 싹 감기게 해주는 청량고추의 아쌀한 맛까지."

"아이고, 고맙네예, 그렇게까지 말해주니. 꼼장어가 먼 곳에서 잡아 온 거랑 우리나라 연안에서 잡아 온 거랑 싱싱함이 다르거든예. 요즘은 거의 수입산인데 우리는 연안에서 잡아 온 꼼장어라예. 여서 장사한 지 40년이 지났는데 가게 위치는 바뀌어도 그거는 안 바꾸지예."

"아. 오래되었네요"

"아마 이 동네에선 우리가 가장 오래됐을 겁니다."

"블로그에서 맛집으로 유명하더라고요"

"우리는 고맙지예. 사진도 찍어가고, 멀리서도 오니. 그런데 꼼장어를 다른 장어들이랑 구별을 못하는 사람들도 많더라고예. 보통 우리가 말하는 장어는 대충 네 가지지예. '민물장어'라고 하는 뱀장어, '아나고'라하는 붕장어, 일본 사람들이 '하모'라고 부르는 갯장어 그리고 '꼼장어'인 먹장어를 말하지예. 이 중에 유일하게 뼈가 없는 게 꼼장어라 뼈를 발라내는 과정이 없으니 버릴 게 없고, 통째로 먹어서 더 꼬들한 맛이 나겠지예. 먼 데서 오는 것보다 우리나라 가까이서 잡은 게 더 꼬들합니더."

먹장어를 제외한 다른 장어들은 뱀장어과에 속하고, 먹장어는 입이 동그랗고 턱뼈와 척추뼈가 없어서 원구류로 분류된다. 원시어류에 속하고 민물이 아닌 바다생물이다. 그래서 지렁이에 가깝다는 이들도 있다. 국립수산과학원 자료에 따르면 수심 45~60m의 연안이나 내만에 주로 서식하며, 한국 남부 연안 특히 남해 지역, 일본 남부, 동중국해,

살아있는 곰장어

대만 등의 북서태평양에 분포한다. 요즘은 대부분 북미에서 수입하는 실정이다.

곰장어의 등장

"언니. 언제부터 곰장어구이가 부산의 음식이 됐을까?"

"꼼장어잡이의 시작이나 구이의 시작은 언제였는지 기록이 없어서 몰라. 동의보감과 자산어보에 해만, 해만리가 등장하는데 이게 먹장어라고 주장하는 사람도 있어. 엄밀히 분류하면 민물장어, 바다장어, 뱀장어과래. 아쉽게도 꼼장어라는 이름은 1883년 조일통상장정을 맺으며 작성한 무역규칙에 처음 등장했어. 이후로 〈조선통어사정〉[1] 안내서 랑 1909년의 〈한국수산지〉[2]에도 등장하는데 당시 조선인들은 남해와 동해 연안에 분포했던 붕장어(곰장어)종을 뱀과 비슷해서 먹는 것을 꺼려했대. 먹지 않았으니 잡지도 않았겠지. 일본은 소수의 꼼장어잡이 가 있었지만 먹거리로 어획을 한 것이 아니었던 것 같아. 19세기 말까 지는 조선인과 일본인의 식탁에서 꼼장어를 찾기 힘들었다는 이야기 지. 그런데 1932년과 36년 『수산시험보고』[3]에는 기장으로 추측되는 울산군 부근에서 꼼장어구이를 파는 서민(하급) 음식점이 많았다는 기 록이 있어. 조선인 노동자들이 주류를 이루었다고 해."

"도대체 그 짧은 시간에 무슨 일이 있었던 거야"

"1910년 한일병합 이후 우리 어업환경과 서민 생활의 변화를 읽을 수 있지. 식생활이 궁핍한 지경에 징그럽다 여기던 꼼장어라도 먹어야 했을 것이고, 먹장어 주 어획지였던 기장에서부터 음식점들이 자연스 럽게 형성되기 시작했겠지."

메이지 시대 전쟁·인구 증가·산업 경제의 발달 등으로 일본에서는 수산물 수요가 늘어났다. 이로 인해 어장과 어종이 줄어 연안 수산자원 의 공급이 부족했던 일본은 조선으로 눈길을 돌렸다. 앞서 언급한 조선 해 안내서 〈조선통어사정〉을 영세했던 자국 어민들에게 나눠주며 조

---

1) 1893년 일본 관료 세키자와 아키기요(關澤明淸)가 주축이 되어 수자원이 풍부한 조선해의 지리와 기상, 주요 수산자원, 어업 상황 등을 조사하고 기록한 보고서
2) 1908~1911년 농상공부 수산국·조선총독부 농상공부에서 전국 연안의 도서 및 하천에 대한 수산 의 실상을 조사하여 작성한 보고서
3) 경상남도 수산시험장의 간행물

선해로 출어를 나가도록 장려했고, 이후 일본 어민들의 남획과 횡포, 불합리한 어업협정으로 수산자원이 풍부하던 조선해는 황폐화되었다.

"여기서 퀴즈. 꼼장어는 통조림으로 만들 수 있을까? 없을까?"

"한 번도 생각해본 적이 없는데? 시중에서도 못 봤고, 중국에 거주할 때도 본 적 없는 것 같아"

"일제강점기에 꼼장어를 저장식품으로 만들려고 시험을 했었어"

당시에 일본이 전쟁 식량을 비축하려고 저장식품 개발을 촉진했다. 조선에서는 정어리, 전복 등 해물 통조림을 제일 많이 생산했다. 먹장어 살코기도 건제품, 반죽제품, 통조림, 장아찌와 같은 저장용 식품으로 만들기 위한 시험을 했으나 곰장어 척추에 해당하는 연골에 기름이 많이 들어 있어 건제품으로 만들기 어려웠다. 살은 점착성이 부족해서 어묵류나 통조림으로도 제작할 수 없었다. 곰장어의 비릿한 냄새도 문제였고 특유의 쫄깃한 식감을 살리기도 어려웠다고 수산시험보고에 기록되어 있다. 건드리면 내뿜는 끈적한 점액도 장애요소였을 거라 추측한다.

"만약 곰장어로 저장식품 시험에 성공했다면 어떻게 됐을까?"

"정어리처럼 수탈당했거나 화약원료로 사용되지 않았을까?"

태초의 불 향 짚불구이와 소금구이

"누가 뭐래도 가장 맛있는 꼼장어 요리법은 태초의 음식 맛인 불맛의 짚불구이, 소금구이, 그리고 양념구이라고 할 수 있지, 꼼장어찜, 탕, 묵도 있지만. 기장 해안지역에서 볏짚, 보릿짚 또는 솔잎에 꼼장어를 통째로 구워 먹은 짚불구이가 시초라는데 선조들은 정말 대단해. 메주를 짚에 묶어 달 듯 짚의 항균력을 이용하고, 송편을 솔잎에 쪄 먹듯 피톤치드를 품은 솔향으로 비린내도 잡고 해충도 없애는 역할을 하는 게 솔잎이잖아. 진액을 품은 껍질이 새까맣게 타는 동안 내장과 살들은 훈연으로 향과 습기를 품고 촉촉하게 구워졌겠지. 그리고 마주한 현실 같은 까만 꼼장어 껍질을 벗겨내면 굶주린 그들의 삶을 채워 줄 것 같은 윤기 나는 하얀 살들이 드러나고, 막 배를 채우려고 손을 대면 옆자리 아지매가 막겠지. '아따 급하다. 쓸개는 떼고 드이소 써예' 담백한 꼼장어에 깊이 베인 솔향과 짚 향을 살짝 맛보고, 막걸리 한 잔과 소금과 참기름을 곁들인 장어 한 점을 씹는 순간 그날의 삶은 그나마 충족했을 것 같아."

"더 간편하게 먹는 방법은 없었을까?"

"먹기 좋은 크기로 잘라 꼬챙이에 끼워서 소금으로 밑간을 하고 구워 먹는 소금구이도 있지. 동래지역에서 즐기던 방식이었어. 담백한 고기 맛이 일품이야. 다양한 양념장 맛으로 즐길 수도 있고"

붉은 양념의 핫한 곰장어구이

"주변이 모두 해안인 부산에서 자갈치가 아니더라도 곰장어집들이 있을 수 있잖아. 그런데 자갈치에 곰장어촌이 생긴 이유가 뭘까?

"일본이 태평양전쟁으로 어장도 고갈되고 피혁제품의 수요도 급증하니까 부산항 가까운 곳에 꼼장어 가죽공장을 세우고 껍질로 가죽제품들을 만들어 생산했어. 그런데 공장에서는 가죽만 일본으로 보내고 일본인들이 먹지 않는 살은 그대로 버렸어. 그 살들을 소수의 조선인들이 받아서 팔기 시작한 거야. 그러다 해방이 되어 일본에서 조선인들이 귀환했고, 한국전쟁으로 전국에서 부산으로 모인 피란민들도 부산항 주변에 정착했어. 생계는 이어 나가야 하고 밑천도 없으니 저렴한 꼼장어를 받아 부산항 주변 자갈치 해안 노상에 좌판을 펴고 꼼장어구이를 시작한 거야. 니가 건너온 영도다리 입구에 자갈치 건어물 시장이 있는데…"

"맞아예. 그 부근에 꼼장어 가죽공장이 있었지예, 초창기에는 공장에서 버리던 살을 쉽게 구할 수 있었고 어판장에서도 저렴하니까 자갈치 꼼장어집들이 자리 잡을 수 있었겠지예. 부두에서 일하던 사람들이 꼼장어가 싸고 보양도 되니까 손님으로 많이 왔다카데예. 지치고 힘든데 매운맛의 꼼장어가 얼마나 맛있었겠어예."

"그러게요. 거친 바닷바람 부는 해안에서 불씨를 피우기는 힘들지만, 불을 지피기만 하면 연탄화덕처럼 바람을 견디기에 좋은 게 없죠. 높은 열을 오래 유지할 수도 있고. 화덕 위 석쇠에 얼큰한 고추장 양념을 버무린 채소와 꼼장어를 익히려고 호일을 움켜쥐고 이리저리 돌려

예전에 연탄화로를 사용했으나 요즘은   곰장어 양념구이
번개탄 화로를 사용하는 집들이 많다.

가며 볶아 먹는 뜨거운 매운맛은 우리 아지매들 창의성이 빚어낸 멋이
기도 하죠. 힘든 부두 노동자들에게는 자연의 순리에 따른 짚불구이의
담백한 맛보다 불향에 잠긴 매운맛이 카타르시스를 느끼게 해 줬을 것
같아요."

사람들은 곰장어가 저렴한 장강제라고 생각했다. 실제로 비타민 A,
비타민 E, 칼슘 등의 영양소가 풍부하고 불포화지방산, 오메가3, 뮤신,
레티놀, 단백질이 풍부하게 함유되어 기력회복과 면역기능 강화, 성인
병 예방에 좋은 음식으로 알려져 있다.

"밥 볶아 드릴까예"

사장님은 반쯤 먹어가는 곰장어를 뒤적거리며 밥 볶을 준비를 했다.

"사장님. 여기 대부분 간판이 지역 이름이 많더라고요. 사장님 가게도 그렇고."

"아. 전국 각지에서 온 피란민들이 모이다 보니까 고향도 그립고, 언젠가는 돌아갈끼라고 고향 이름을 쓰기 시작했다 카데예. 그래서 우리도 고향 이름을 썼지예, 그러다 부산이 고향됐지예."

"자갈치 이외에도 곰장어 골목이 있어요?

"여기 아니고도 부전역 앞, 해운대시장, 동래구 온천장, 기장군에 있지예."

지금은 운영이 중단된 동해남부선역 주변 지역이기에 기장에서 철로를 통해 부산 곳곳에 꼼장어가 유통되었다고 짐작한다.

묵이 그 묵이 아니네

"이거 밖에 없네예. 맛만 보이소. 우리가 만든 거는 아인데 손님이 먼 데서 온 것 같아가"

"이게 뭐예요?"

"두투예. 꼼장어묵입니더"

"곰장어묵도 있어요? 음식 재료를 1도 버리지 않고 알뜰하게 사용하는 우리 민족 특성이 곰장어 요리에도 적용되다니."

"꼼장어 껍질, 내장, 알집을 다 모아서 깨끗이 빨아가 장시간 푹 고아가 식히면 젤라틴으로 굳지예. 그걸 잘라가 초장에 찍어 묵는다 아입니꺼. 요새는 만드는 데가 드물어예."

"청포묵의 몰랑한 느낌도 있지만 오돌꼬들한 질감의 곰장어 껍질이 씹을수록 고소한 맛이 나요."

상어 부산물로 만든 두투   곰장어 부산물로 만든 곰장어묵

원래는 상어지느러미, 내장, 꼬리등 상어의 부산물을 삶아 수육으로 만든 것이 두투, 곰장어의 부산물인 껍질, 내장, 알집 등을 오래 고아 젤라틴으로 만든 것이 곰장어묵이다. 요즘은 통틀어 두투라고 부르는 아지매들이 많다.

곰장어 껍질의 진화

"요즘도 곰장어 껍질을 공장에 보내나요?"

"1990년대까지만 해도 우리가 껍질을 모아놓으면 공장에서 갖고 갔지예. 요새는 버립니더. 꼼장어 가죽을 요새는 보기 힘들지예?"

"최근에 신분이 상승해서 돌아왔어예. 부산의 특산품이 아니라 한국의 명품으로."

해방과 한국전쟁으로 식량이 부족한 때에 곰장어는 좋은 먹거리로써 소비가 급증했고 가죽으로서의 가치는 줄었다. 그러다 1960년부터 곰장어 가죽과 제품에 대한 관심이 국내외에서 높아졌다. 여느 가죽보다 얇고, 광택을 지니고. 소가죽보다 질기며, 발색도 훌륭했기 때문이다. 세계적으로 수요가 늘며 곰장어 가죽은 1970~1980년대 수출 효자 상품으로 떠올랐다. 자연환경, 시대적 상황요인에 의해 곰장어 가죽 가공 기술은 한국이 독보적이었다. 그러나 1990년대에 접어들어 소, 양가죽과 합성피혁들이 유입되며 곰장어 가죽은 급격하게 쇠퇴의 길을 걸었다.

2011년, 곰장어 가죽(Eel Skin)이 재조명받기 시작했다. 펜디의 패션쇼에 등장한 곰장어 가죽 가방은 완판이 되었는데 그 배경에는 한국 장인들의 원단 제조 기술이 있었다. 이후 돌체앤 가바나, 루이비통, 토리비치 등의 유럽 명품 패션쇼에서도 곰장어 가죽을 활용한 의류, 가방, 신발들이 각광을 받았다. 해외에서 곰장어 가죽을 다시 주목하는 것은 가죽의 독특한 속성과 뱀과 악어의 대체 가죽으로써 활용 가능성, 독성 화학염료를 사용하지 않는 가공 공정, 그리고 식용 해산물의 부산물로써 업싸이클링이 가능한 가죽으로 가치를 높게 평가하기 때문이다. 고가에도 불구하고 자연친화적인 유럽 사람들이 곰장어 가죽을 선호하는 이유이다. 이 추세에 힘입어 OEM 생산을 해온 우리 기업들은 곰장어 가죽을 활용해 자체 브랜드를 만들었고, 현재 고급 완제품으로 세계 시장에 도전하고 있다.

한국산 장어가죽원단을 사용한 2015년 루이비통 패션쇼

"전혀 몰랐어. 곰장어가 우리의 아픈 역사와 함께했고, 또 이렇게 이용 가치가 높은 줄."

"일제강점기, 한국전쟁을 거치며 함께한 서민, 노동자들의 애환에도, 현재 나의 인생 여정에도 꼼장어구이의 매운 불향이 베어 있으니 그야말로 부산을 대표하는 음식이지. 여러 기관에서 외지인들과 부산 시민들을 대상으로 부산의 대표 음식에 대해 설문조사를 했는데 취합을 해보니 많은 사람이 꼼장어를 꼽았어. 부산시에서도 이를 활용해 꼼장어를 부산의 대표 음식으로 지정하고 브랜드까지 만들어 명맥을 유지하려고 했는데,"

"언니. 요즘 기후변화가 심하고, 세계정세에 따라 무역 상황도 달라지고 있잖아. 앞으로 우리 음식과 맛이 어떻게 달라질지 모르지만, 곰장어구이가 계속 부산 대표 음식이면 좋겠어. 버릴 게 없고 너무 맛있잖아."

참고문헌

이근우, "일본의 바다조사", 부경대학교, 2012.12.20.

이종수, "부산항의음식문화변동분석", 제23집, 2015.06.12.

한임선, "개항 이후 일본의 조선해 논리와 어업침탈", 부경대학교, 2009.2.25

다케쿠니 도모야스 지음, 오근영 옮김, 『한일 피시로드, 흥남에서 교토까지』(따비, 2014)

최원준, "쫄깃쫄깃 달큰한 맛, "살아있네" 부산꼼장어", 다이내믹부산, 202112호

　　(2021.07.02.)

김은영, "[히든챔피언] ②'장어가죽=코리아'루이비통 홀린 한국산 장어가죽", 조선일보,

　　2017.10.04.

Nick Verreos "RUNWAY REPORT.....Paris Fashion Week Spring/Summer 2015:

　　LOUIS VUITTON"

이 욱 ┃ 교수

음식이 만들어지는 과정보다는 준비하는 과정을 더 중요시하는
사이버 세상의 방랑자이며, 식당 환경의 현실에 맞춰 음식평론 놀이마당을
만들어가는 고독한 식객이다. 현재 영남사이버대학교 교수에 재직 중이며,
한국음식평론가협회장직도 함께 맡고 있다.

초량, 돼지 음식의 발상지가 되다
- 초량돼지갈비

이 욱

오늘날 돼지갈비는 대중화되어 전국 어디에서나 맛집을 찾아볼 수 있고, 지역마다 원조집임을 내세울 만큼 유명한 맛집들이 즐비하다. 원래 '갈비' 하면 소의 갈빗살을 이용하여 만든 것을 가리킨 것이지만, 소고기가 비싸다 보니 저렴한 돼지고기로 대체해 판매함으로써, 서민적인 인기를 끌어 자연스럽게 '갈비' 하면 돼지갈비를 뜻하게 되었다. 돼지갈비가 많은 사람의 사랑을 받을 수 있는 것은 식감과 풍미가 아닌가 싶다. 돼지갈비는 쫄깃한 식감과 고소한 맛 그리고, 소갈비보다 육질이 더 부드럽고 육색이 더 밝은 선홍색을 띠고, 소에 비해 갈비뼈가 작아 뜯어 먹기에도 편해 생갈비구이나 양념구이로 이용한다.

돼지갈비가 정확하게 언제부터 먹었던 음식이었는지는 추측을 할 뿐 정확하게 이야기할 수는 없지만 돼지갈비를 음식으로 이용하였던 기록이 고문헌에서 간혹 확인된다. 유교의 고대경전인 『주례(周禮)』에는 제사 때 드리는 희생 중에 '돈박(豚拍)'이 언급되어 있다. 돈박은 돼지의 갈비(脅)를 말하는데, 조선 시대에는 국가에서 돈박을 제수(祭需)로 정하면서 궁중을 비롯한 민간의 제사에서도 생 돼지갈비를 사용한 것이 기록되어 있다. 돼지갈비를 음식으로 이용한 사례는 『승정원일기』(1639년(인조 17), 6월 25일)에서 확인된다. 청나라의 칙사를 응접하는 영접도감(迎接都監)에서 소갈비 대신 돼지갈비 2짝에 내장을 얹은 음식을 마련할 것을 윤허 받는 내용이 기록되어 있지만, 돼지갈비가 어떠한 형태의 음식으로 조리되었는지 기록되어 있지 않다. 1797년(정조 21) 화성행궁에서 열린 혜경궁 홍씨의 회갑연의 전말을 기록한 『원행을묘정리의궤(園幸乙卯整理儀軌)』 찬품(饌品)조에는 노량참(鷺梁站)에 가설(假設)된 수라간에서 준비하는 윤2월 9일의 아침 수라에는 혜경궁과 정조에게 올리는 찬품 중 구이 1기(炙伊 一器)에 대해서는 "황육(黃肉)·저갈비(猪乫飛)·우족(牛足)·숭어[秀魚]·생치(生雉)구이이다."라고 적고 있다. 재료 중에 '저갈비(猪乫飛)'는 돼지갈비가 구이로 조리되었다는 것을 알 수 있다. 이처럼 돼지갈비는 대중적인 음식이라기보다 궁중음식이었음을 여러 문헌을 통해 알 수 있다.

현대 돼지갈비의 시작은 마포 포구의 역사를 배경으로 하여 마포돼지갈비가 한국전쟁 이후인 1950년대 중반에 등장하기 시작했다. 마포 돼지갈비의 노포(老鋪)로 알려진 식당은 1956년 6월 공덕동 로터리에서 돼지갈비 장사를 시작한 '마포 최대포집'과 1959년 '고바우집', 1961년 마포에서 영업을 시작하다가 서대문구로 이전한 '서대문 원조 숯불 돼지갈비 통술집'이 있다. 그중에서 처음 시작한 마포 최대포집의 창업주 고(故) 최한채 씨가 생전에 구술한 자료에 의하면 돼지갈비구이는 이전에 없었던 음식이었고, 소고기보다 더 싸고 맛이 좋은 돼지고기도 갈비구이로 할 수 있다는 신념을 가지고 시작하였다고 한다. 오늘날 우리가 즐겨 먹는 돼지갈비의 대중화는 마포돼지갈비가 시작이라 할 수 있고, 초량돼지갈비 역사의 시작에도 영향을 미쳤다고 할 수 있겠다.

초량천 전경

초량돼지갈비는 50년대 후반 초량동 초량천 주변 식당들이 돼지국밥과 빈대떡 그리고, 우리가 뒷고기라 부르는 짜투리 고기를 수육 형식으로 판매해오던 것에서 출발해, 새로운 음식을 찾던 손님들의 입맛에 맞게 1960년대 울산집, 밀양집, 남해집, 삼오집 4개의 점포가 돼지의 부산물과 손질하고 남은 고기를 드럼통에 석쇠를 올려 구워 팔던 것이 시발점이 되었다. 이후 돼지의 갈비 부위 고기를 양념에 절여 구워 팔자 돼지갈비집들이 하나둘 생겨나고, 지금의 초량돼지갈비 골목이 형성되기 시작했다. 초량돼지갈비골목은 복개천 공사 전·후로 나누어지며 1970년대 복개로 공사 이후 은하갈비를 비롯한 주변의 상권이 활

초량돼지갈비골목 전경

성화되면서 지금의 초량돼지갈비의 명성을 얻게 되었다.

초량천의 복개천 정비 후 가건물들이 철거되고, 주변이 정리되는 과정에서 돼지갈비 전문점들이 현재 초량돼지갈비골목 주변으로 자연스럽게 모이기 시작했다. 4개의 점포로 시작되었던 초량돼지갈비 전문점은 한때 38점포까지 활성화되었다. 지금은 그 절반 수준이지만 여전히 옛 추억을 간직하며 돼지갈비 골목을 찾는 사람들의 발길이 이어지고 있다.

부산광역시 동구 초량동은 대한민국 역사에서 많은 애환을 담고 있는 지역이라 말할 수 있다. 일제강점기 시대의 흔적이 고스란히 남아있고, 한국전쟁을 통해 수많은 피난민이 내려와 초량동 피난민촌을 형성하였다. 초량은 부산항의 번창과 함께 새로운 일자리를 찾아 이주해온 사람들의 터전이 되었다. 언덕 위의 판자촌은 이제 산복도로 마을이라 불리며 향수를 자극하는 새로운 문화로 자리매김을 하고 있기에 시간의 흐름 속에 많은 사람의 뇌리를 스쳐 지나가는 한 페이지가 되어가는 중이다.

'동서양 넘나드는 무역선의 고향은~' 〈부산행진곡〉의 노래 가사에서처럼 부산항은 한국전쟁으로 폐허가 된 나라의 도시 재건사업에 있어 중요한 역할을 하게 되었다. 자연스럽게 부산항을 통해 많은 물자가 오고 갔다. 특히 미국의 군수물자와 원조물자를 통해 당시 힘겨웠던 우리의 시대사를 고스란히 간직하고 있는 부산항은 그 어떤 설명보다 당시의 삶을 잘 대변하고 있는 역사를 가지고 있다.

그런 부산항은 초량동 피난민촌 사람들과 이주민들에게는 한 줄기 희망의 빛이었다. 새로운 삶의 터전에서 일자리 구하기란 쉽지 않은 상황에서, 부산항 하역 노동은 몸은 힘들지만 그래도 하루하루 힘겹게 살아가던 당시 초량동 일대 주민들에게는 고마운 일자리였으며, 내일에 대한 희망을 가지고 살아갈 수 있었던 원동력이었다.

하루종일 먼지를 마시며 엄청난 물동량에 주야로 고된 일을 하던 부산항 노무자들에게 언덕 위의 집으로 가는 길에 있는 초량천 주변의 식당들은 휴식의 차원을 넘어 새로운 활력을 제공하는 어머님의 품과 같은 곳이었다고 한다. 그들은 돼지국밥 한 그릇과 소주 한잔으로 하루의 고단함을 이겨냈으며, 빈대떡 한 접시에 막걸리 한 사발로 하루의 피로를 풀었다. 그들은 내일을 기다릴 수 있었지만 매일 같은 음식을 오랫동안 먹다 보니 새로운 음식에 대한 갈망이 컸다. "뭐 좀 새로운 것 없는교"라는 지나가는 말에 돼지를 손질하고 남은 고기와 부산물을 구워 팔던 초량천 주변 식당들은 사상의 도축장에서 매일 신선한 고기를 끊어와 양념에 절인 다음 불판에 구워 팔기 시작했다. 그러다 지금의 초량돼지갈비가 시작되었으니, 단순히 하루를 살아가는 인생을 담은 음식이 아니라 힘든 노동의 빈자리를 채워주는 사랑이었다.

노무자들이 부산항에서 초량동 산복도로 마을로 가기 위해서는 지금이야 많은 길이 있지만 당시에는 초량천을 따라 올라가는 길이었고 자연스럽게 길 양옆으로 돼지국밥을 비롯한 식당들이 생기게 되었다. 당시에 그곳은 같은 아픔을 가지고 정착하며 살아가던 사람들끼리 푸념 아닌 그리움을 쏟아내던 이야기방이었다고들 한다.

돼지갈비는 당시 고된 노동을 하던 그들에게는 위로의 음식이자, 요즘 흔히 말하는 '힐링푸드'였다고 하니, 자연스럽게 돼지국밥, 돼지갈비는 부산사람들의 최애 음식으로 점차 그 지역을 넓혀나갔다.

대부분의 노동자가 급여를 받아 그동안 먹은 음식값을 계산해 주는 방식의 외상장부를 이용하였지만, 상인분들의 이야기를 들어보면 외상값을 받지 못한 적이 없다고 하니 당시 부산항의 경기가 얼마나 좋았는지 가늠해 본다. "비록 힘든 일을 하면서 살아가지만 마음까지 힘들지는 않았다"라는 어르신의 말씀이 이해가 간다.

초량천 복원 공사 후 매일 나오신다는 어르신은 "고기 한 점 한 점 익어가는 동안 노동의 아픔보다는 내일에 대한 희망 찬가가 있었다. 양념에서 묻어 나는 달짝지근한 맛은 노동자들의 미소를 찾아 주는 음식이었으며, 오늘 하루도 무사히 마쳤다는 안도의 음식이면서 많은 사연이 담겨 있는 한 편의 드라마 같았다"라고 얘기하며 웃었다.

즉 초량돼지갈비는 단순히 부산항 노무자들의 지친 하루를 마무리하는 음식이 아니라, 배불리 먹을 수 없을 때 가벼운 주머니 사정을 이해해 주는 따스한 밥 한 끼 이상의 음식이었다. 그와 함께 초량돼지갈비골목은 시간이 지나면서 노동의 대가가 아닌 사랑하는 가족과 함께하는 행복한 추억으로 가득한 외식의 공간으로 발전하였다.

초량돼지갈비가 1960~1970년대 하루의 피곤함을 이기게 해주었다면, 1980~1990년대에는 가족의 외식 메뉴로서 많은 사랑을 받게 되었다. 이제는 예전만큼 많은 사람이 찾지는 않지만, 발걸음이 계속해서 이어지는 현재 진행형인 초량돼지갈비는 부산의 살아있는 역사라 할 수 있다.

'86아시안게임'과 '88서울올림픽' 개최를 앞두고 우리나라 외식시장에는 큰 변화가 일어났다. 외국의 프랜차이즈 브랜드가 들어오면서 외식문화가 자연스럽게 형성되고 일부 계층을 중심으로 외식시장이 활발해지기 시작했다. 기존에 가정식이 대부분이었던 음식 문화에 외식이라는 새로운 단어가 일상 속에 스며들었고, 자연스럽게 외식은 하나의 산업으로 자리 잡게 되었다.

다소 주머니 사정이 넉넉하지 못했던 시절 부두노동자들의 이야기를 들어주었던 초량돼지갈비골목은 시간이 흐르며 가족들의 행복을 담아주는 가족 사랑방으로 확장되었고, 일과를 마친 직장인들만의 회식 장소가 아닌 남녀노소 누구나 쉽게 찾을 수 있는 장소가 되면서 본격적으로 전성기가 시작되었다. 한창 전성기를 누리던 시절에는 한 가게에서 하루에 돼지 두 마리 정도는 기본으로 소비가 될 정도로 문전성시를 이루기도 했다. 대부분의 가게는 홀 평수에 비해 주방이 좁았는데, 고기 손질부터 모든 재료준비를 하면서도 그 많은 손님의 몸과 마음을 즐겁게 해 주었으니, 이는 장인정신으로 만들어진 정성이라 할 수 있겠다.

부산고등학교 졸업생인 전 프로야구 선수 A 씨는 야간운동을 마치고 그 앞을 지나다 보면 고기 굽는 냄새에 한참 동안 서성이다 지나간 적이 많다고 하면서, 그때 먹지 못한 어떤 마음 때문에 지금은 가끔 혼자 방문하여 그 시절의 추억을 반주 삼아 점심 한 끼를 즐긴다고 한다.

고등학교 동창 친구 한 명은 어린 시절 운동회, 졸업식, 생일 등 특별한 날이면 초량돼지갈비집에서 외식할 거라는 기대에 가득 차 있었다며, 지금은 가끔 자녀들에게 옛 추억을 이야기하면서 들르게 된다고 했다. 이처럼 많은 사람의 사랑을 받아오던 가족 외식 메뉴 초량돼지갈비는 1990년대 후반부터 추억을 찾는 사람들과 여행객들의 방문으로 변화를 맞이하게 된다.

초량돼지갈비골목 '장사의 신'으로 알려진 은하갈비 대표님은 초량천 주변 코너에서 이불점을 운영하다 1973년부터 돼지갈비를 시작하였는데, 당시에는 저렴한 비용으로 맛있는 한 끼 식사를 넘어 하루를 마감하며 마음을 달래주는 음식이었다고 한다. 시간이 흐르며 싸고 맛있는 음식을 찾는 사람들에게 인기를 끌면서, 초량돼지갈비는 1980~1990년대 가족 단위 손님들 덕에 최고의 전성기를 누렸다고 한다. 당시 초량돼지갈비는 평범했던 일상에 더할나위 없는 외식 메뉴였고, 그 시절 온 골목 안을 뒤덮은 희뿌연 연기와 고기 굽는 냄새는 지금도 그 시절 그대로를 간직한 듯하다. 당시 어느 정도의 인기를 누렸었는지는 대표님의 이야기에 고스란히 묻어났다.

은하갈비와 울산갈비

쇠 구이판

처음에는 연탄드럼통에 쇠 구이판을 얹어 고기를 구워 먹던 방식에서 지금은 가스 불로 대체하였지만, 은하갈비, 밀양갈비, 울산갈비 등지금도 당시의 구멍 뚫린 쇠 구이판을 그대로 사용하는 몇몇 집들이 초량돼지갈비의 향수를 자극하고 있다. 구멍 난 구이판을 연탄드럼통 위에 얹어 구우면 구멍 사이로 양념과 기름이 떨어진다. 그 향에 고기를한 번 더 굽고 연기의 매운맛과 함께 달짝지근한 고기 한 점을 파절임과 함께 맛있게 먹으면 하루의 먼지가 씻겨 내려간다. 이제는 알루미늄은박지가 고기와 양념을 감싸고 있다. 이곳은 바쁜 일상의 틀 속에서불판 위의 고기가 익어가기를 기다리며 여유를 가지고 이야기꽃을 피워 나가는, 그런 정겨운 곳이다.

서울에서 여행 왔다는 젊은 커플은 "초량돼지갈비는 호기심입니다", "평소 먹던 돼지갈비가 아닌데 뭔지 모르겠지만 익숙한 맛입니다" 라고 이야기하면서 서로의 얼굴을 바라보고 고기를 이리저리 살펴보고 냄새도 맡아가면서 먹고 있다. 그 모습을 보면, 초량돼지갈비만의쉽게 표현할 수 없는 매력이 느껴진다.

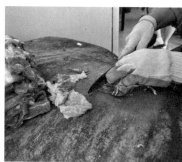

돼지갈비를 손질하는 모습

식당 한켠에서 이모님이 능숙한 솜씨로 고기를 손질한다. 통나무 도마 위에 두툼한 고기 한 점을 올려놓으며, 이모님은 손수 고기를 장만하고 매일 필요한 고기를 직접 받아온다고 이야기한다. 그야말로 신선함 그 자체였고, 혹시 다른 부위를 섞어 팔지 않나 했던 의심은 '정말 돼지갈비구나'라는 혼잣말과 함께 사라졌다. "장사를 처음 시작할 때부터 돼지갈비 부위만 사용했습니다"라고 이야기하는 이모님의 말투에, 많은 사람이 나와 같은 생각을 하고 질문을 했었구나 생각이 들었다. "요즘 부산에 도축장이 없어서, 가게에 따라서 김해 도축장이나 부전시장에서 고기를 받아옵니다" 이모님의 이야기에는 고기에 대한 자부심이 절로 느껴졌다. 초량돼지갈비는 단순히 유행을 선도하거나 변화에 빠르게 대응하는 음식이 아니다. 오랜 세월 묵묵히 그 자리를 지키며 어려웠던 시절의 애환을 그대로 간직하고 있으며, 이를 지켜가는 상인들로 인해 초량돼지갈비골목은 이제 전국의 미식가들을 불러 모으는 식도락 타운이 되어가고 있다.

화려하지도 않고 비싸지도 않지만, 초량돼지갈비가 대를 이으며 오랫동안 사람들에게 각광을 받고 세대를 이어주는 가교역할을 할 수 있는 것은 다른 돼지갈비에서 찾을 수 없는 것들이 있기 때문이다. 흔히 우리가 말하는 돼지갈비와 다르게 초량돼지갈비는 약간 두툼한 고기를 자랑하며 진한 간장색의 양념, 짠맛과 단맛의 조화, 마늘과 생강의 향 등이 어우러져 입안에 품으면 완전히 새로운 맛을 보여준다. 그렇게 초량돼지갈비는 독특함을 발산하며 사람들의 마음을 사로잡는 특별함으로 입안의 향연을 가져다준다. 대부분의 가게가 양념돼지갈비를 전문점으로 한다면, 2대 대표인 며느리가 운영하는 밀양갈비는 생돼지갈비를 맛볼 수 있다. 이처럼 초량돼지갈비골목은 골라 먹는 재미도 있다.

돼지갈비를 손질하는 모습

색다른 맛을 초량돼지갈비의 특색이라 말할 수도 있지만, 이런 특징은 초량동의 근대사와도 연관이 있다. 초량시장을 가로지르면 차이나타운이 있는데, 이곳의 영향으로 돼지 특유의 누린내를 잡는데 마늘과 생강을 많이 사용하게 되었다고 한다. 간장과 설탕의 조화가 만들어낸 달짝지근한 특유의 맛은 일본 음식문화에서 영향받았을 가능성이 높다. 이처럼 초량은 지리적으로 한국의 근대사와 관련한 영향을 많이 받은 것이다.

지금의 초량돼지갈비가 어떤 과정을 거치며 만들어졌든, 중요한 건 초량돼지갈비골목은 자신만의 독특함을 가진 저마다의 향기와 이야기가 공생하는 장소라는 것이다. 손을 뻗으면 닿을 듯한 좁은 골목길 사이에 옹기종기 모인 골목의 역사와 전통을 이어가기 위해 상인들은 지금 이 순간에도 노력하고 있다. 점점 희미해져 가는 우리의 소중한 음식 문화에 관심을 가지고 더 나아가 보존하기 위해 노력하는 이들의 모습은 절실하다 못해 애틋하다.

초량돼지갈비가 부산의 전통음식으로 지정받으려면 30여 년의 세월이 더 흘러야 한다. 다만 경주의 황남빵처럼 100년의 역사가 되지 않아도 전통음식으로 받을 수 있지 않을까 생각해본다. 그러기 위해서는 우리 모두가 힘써야 할 것이다. 점점 잊히는 추억이 아닌, 계속해서 써 내려가는 일기장이 되도록 말이다.

배길남 | 소설가

부산에서 나고 자랐다.
소설집 『자살관리사』, 『짬뽕 끓이다 갈분 넣으면 사천짜장』,
로컬에세이 『하하하, 부산』을 썼다.
10년간 써온 장편소설 「두모포 왜관수사록」을
2022년 겨울 발표했다.

길거리에서 부산을 맛보다
– 비빔당면, 물떡, 씨앗호떡 등

배길남

부산의 길거리 음식

"부산의 길거리 음식이라…."

소설가 길남 씨가 탄식하듯 중얼거린다. 이번에 그에게 떨어진 미션은 다름 아닌 '부산의 길거리 음식'이다. 부산문화재단 총서의 주제가 '부산의 음식'으로 잡힐 때도, 편집회의를 할 때도, 청탁을 받았을 때도 그는 아무런 생각이 없었다.

"평소처럼 길남 씨가 부산을 돌아다니면서 그냥 먹고 쓰면 되는 거지."

그런데! 정작 글감으로 부산의 길거리 음식을 정하려 하니 막막함이 앞선다. '어떤 음식으로 해야 하나?'라는 메뉴의 고민에다 '어디를 먼저 해야 하나?'라는 지역 선택의 고민까지 함께 커져 간다.

길남 씨는 일단 '무림 명문 정파'들을 모조리 소환해 보기로 했다. 1번 타자 길거리 음식의 대표 분식파! 길거리 분식의 스타는 뭐니 뭐니 해도 떡볶이이다. '부산 전통 떡볶이'라는 게 따로 존재하나 싶겠지만, '무거운 단맛 속에서 너무 맵지도 않은 끈적한 떡과 전국적 유명세를 자랑하는 부산어묵의 조합'이라는 튼실한 전통이 존재한다. 그리고 굳이 따지자면 뭐… 주머니 사정을 고려한 저렴함? 하여간 이제부터 분식파의 고수들이 등장할 타임이니 자, 기대하시라. 개봉박두!

50년 전통 2대떡볶이집

부산 전통 떡볶이에 튀김과 오뎅 국물이 일품인 집들로는 영도 동삼동의 백설대학, 해운대 시장의 상국이네와 그 바로 앞집 명물튀김, 광안리의 상호(商號) 스토리텔링이 일품인 다리집(지금은 이전했다), 부평깡통시장 이가네 떡볶이, 할매 시리즈로는 사직동 할매 떡볶이, 남천동 할매 떡볶이, 수영팔도시장 할매 떡볶이, 가격 착하기로 유명한 수정시장 할매 떡볶이, 맵기로는 범일동 조방 떡볶이(요즘은 조방 매떡으로 불림) 따라갈 곳 없을 것이고, 먹자골목으로 따지면 비프 광장 떡볶이와 서면시장 떡볶이를 빼면 안 될 것이다. 그리고 또 어디가 있냐면….

아, 아아, 여기서 잠깐! 이거 뭐 유명한 부산 떡볶이 가게 이름만 나열해도 벌써 한 바닥이다. 그래서 길남 씨는 간단한 소개로서 남은 고수들을 소환하기로 한다.

땅콩빵, 계란빵, 붕어빵, 잉어빵, 와플, 망게떡, 타코야끼, 토스트 등으로 이어지는 베이커리파.

찐만두, 군만두, 물만두, 왕만두, 찐빵, 호떡 등의 중화 호빵파.

군밤, 군은행, 군오징어, 오다리, 쥐포, 찐옥수수, 고구마튀김 등등 영화관 군것질파.

뻥크림, 소프트아이스크림, 터키 아이스크림 등의 아이스께끼파.

찌짐(파전 또는 부추전), 오징어무침, 김밥, 국수 등의 잔치음식파.

구운 닭꼬치, 닭강정, 튀김 닭꼬치, 소라 꼬치, 문어 꼬치, 온갖 재료를 꼬치꼬치 꿰어버리는 꼬치파.

심지어 번데기, 달고나, 투명 설탕과자 등의 뽑기파까지!

갖가지 음식들이 저요! 저요! 하고 손을 드는데 길남 씨는 모두에 호응하지 못하고 결국 눈을 감고 만다. 아아, 이 사태를 어찌해야 하는가? 부산의 길거리 음식! 이거 주어진 주제의 범위를 수정하지 않고서는 어떻게 할 수가 없다.

부산이라는 곳이 원래 그런 곳이긴 하다. 해방 시절 해외로 나갔던 모든 이가 부산으로 들어왔고, 한국전쟁 시절 고향을 떠난 팔도의 모든 이가 부산으로 모여들었고, 전 세계의 군인들이 부산을 통해 들어왔었다. 원양산업의 유일한 항구로서 전 세계의 생선이 모조리 모여들었으며, 더 깊이 들어가서 조선 시대 왜관 시절부터 조선, 일본, 청, 명, 동남 아시아와 중동까지 국제 무역의 허브로서 존재했던 곳, 대륙 간 국제철 도의 동아시아 종점으로 더 큰 걸음으로 나아갈 곳! 바로 한반도와 세 계의 통로 부산 되시겠다!

약간 부뽕스럽긴 하지만 저런 이유에서도 알 수 있듯이, 부산의 길 거리 음식은 재료만 살펴봐도 다양하기 그지없다. 그뿐 아니라 길거리 음식의 유래 또한 각양각색 또는 애매모호한 것이 부산 길거리 음식의 특징이다.

그렇다면 소설가 길남 씨는 여기서 과감한 결정을 내릴 수밖에 없 다. 그는 소개된 길거리 음식이 함께 포진돼 있으면서도 의미가 담긴 장소를 선정해 거기에 집중하기로 한다. 거기에다 길거리 음식도 엄연 히 역사가 있고 전통이 있으니 그런 의미를 잘 담을 수 있는 곳이어야 할 것이다. 과연 그곳은 어디가 될까…?

남포동으로 집결!

길남 씨가 버스에서 내리자 길 건너로는 바다 내음이 그득한 자갈치 시장이 눈에 들어온다. 고개를 돌려 반대편 거리를 스윽, 스캔하니 입 구부터 길거리 가판이 즐비하다. 여기가 어딘가? 바로 여기는 부산 남 포동 BIFF 광장!

순서대로 살펴도 대왕닭꼬치, 납작만두, 씨앗호떡 가판이 깔려있고, 맞은 편에는 마른오징어, 고구마튀김, 쥐포, 오다리 등속의 영화감상용

비프광장 입구

옥수수, 군밤, 고구마튀김

건어물이 자리한다. 또 그 곁으로는 찐빵, 만두, 옥수수, 번데기 등등 엄청난 수의 메뉴들이 각각의 개성을 뽐내며 펼쳐진다. 하지만 아무리 그렇다 하더라도 이곳의 4번 타자는 아무래도 오랜 시간 이곳을 지켜 왔던 떡볶이 코스가 아닐까?

국물 닭꼬치

현재 비프 광장의 떡볶이 리어카들은 대여섯 집 정도가 자리하는데, 통일성을 지켜 모두 같은 메뉴로 구성된다. 이곳은 다른 지역의 떡볶이 집과 달리 튀김은 취급하지 않는다. 이곳은 떡, 오뎅에다 주재료를 하나 더 추가한 순대 떡볶이가 주메뉴이다. 이외에 부산오뎅, 매운 오뎅, 김밥, 유부주머니 등이 기본메뉴인데, 이 중에서 가장 특색 있는 것은 전국 어디서도 잘 찾아볼 수 없는 메뉴인 빨간 국물에 함께 데친 닭꼬치이다. 보통 닭꼬치는 불에 굽는데 이건 떡과 파와 함께 꽂아 매운 국물에 조리하고 국물과 함께 담아준다. 물론 세월이 흘러…, 몇십 년간 이곳을 지켜온 국물 닭꼬치의 인기는 조금 떨어진 듯이 보인다. 주변은 TV와 SNS에 현혹되어 전국에서 찾아온 청춘들이 씨앗호떡을 외치며 줄을 서고 있는 판에 이런 구닥다리 음식이 남아날 수 없을지도 모른다. 그렇다 하더라도 이 기묘한 음식의 진가를 맛본다면 얘기는 달라진다. 추운 겨울날 이모님께서 슬쩍 부어준 잔소주와 함께 후루룩 쩝쩝하면 과연 이 맛을 과연 잊을 수 있을까? 개성 넘치는 이 음식은 이곳 비프 광장만의 시그니처인 것이다.

이왕 얘기가 나온 김에 떡볶이 리어카 중 가장 오래된 50년 떡볶이집 사장님의 증언을 조금 들어보자.

"우리 간판에 적힌 50년이 진짜 맞냐고? 50년이 훨씬 넘었지. 내만 해도 어머니 가게 하는 거 이어받아 한 게 34년이 안 넘었나? 할매는 인자 팔십일곱이 다 돼 가 못나오지. 안 나온 지 10

떡볶이, 빨간오뎅, 닭꼬치국물

유부와 유부주머니

년이 넘었어요. 아아, 거기 유부주머니는 그냥 묵지 말고 국물을 컵에 따르고 숟가락으로 묵어요."

씨앗호떡

자, 짭짤 메뉴로 배를 좀 채웠으니 대세 중의 대세인 씨앗호떡을 한 번 먹어볼 차례이다. 현재 성황리에 판매하는 가판 가게는 두 개이다. 하나는 '승기 원조 씨앗호떡'이고 하나는 '아저씨 원조 씨앗호떡'이다.

벌써 느낌이 오시는지 모르겠지만 전자는 TV프로그램 〈1박 2일〉에서 이승기가 들른 후 폭발적 인기를 얻은 집이고, 후자는 그 이전부터 줄을 서서 먹던 원조 씨앗호떡집이다. 길남 씨는 딸 참참 양과 아저

씨앗호떡

씨 원조 씨앗호떡에서 줄을 서기로 했다. 맛보기 씨앗으로 한 숟갈 정도 덤으로 주는데 이게 또 정이라고 푸근하게 느껴진다. 하지만 가격은 2,000원!! 뛰어오른 물가에 한숨이 나오지만 먹을 건 먹어야지! 참참 양은 아주머니께서 챙겨주신 종이컵에 씨앗을 담고는 함박웃음을 그득 짓는다. 사장님이 마가린에 잘 튀겨진 호떡의 양옆을 가위로 살짝 가른다. 그 속으로 흑설탕 꿀이 스르륵 흘러 나오는데 솜씨 좋게 벌린 사이로 일곱 가지 씨앗을 듬뿍 부어 넣는다. 이제 완성된 씨앗호떡을 종이컵으로 넣으면 세팅 끝! 이제 맛의 향연을 감상할 때이다. 한 입 베어 물자 마가린의 짭짤 고소함과 검은 꿀이 쫀득하게 다가오면서 씨앗의 오도독한 식감이 입속에서 락 콘서트를 펼친다. 이후 씨앗의 고소한 향과 미감이 혀와 코를 강렬히 자극한다. 아아, 고려 시대 회회떡에서 비롯되었다던 오랑캐떡의 무궁한 발전이여! 지금도 너를 오랑캐떡,

호(胡)떡으로 부른다마는 그 누가 너를 딴 나라 음식이라 하겠느냐? 다만 물가가 내린다면 너도 좀 가격이 착해지고 크기는 더 커져다오! 바라는 건 그것 하나밖에 없나니….

땅콩빵

기도(?)를 마치고 고개를 돌리니 아내 전선 양이 안 보인다. 어디 갔나 살피니 하얀 종이봉투를 들고 돌아온다.

"참참이가 땅콩빵도 먹고 싶대잖아."

땅콩빵이라! 그러고 보니 이놈도 참 오랜만이다. 무심코 하나를 입에 가져가는데 휘리릭 지나가는 누군가의 목소리….

"어? 외출증 받고 나가나 보네? 올 때 땅콩빵이나 호두빵 사 와."

땅콩빵

오전 9시부터 밤 10시까지 재수학원에 잡혀 있던 스무 살의 시절. 풋풋하기 그지없던 청년 길남은 난생처음 여자애들에게 둘러싸여 간식 심부름을 했었다. 땅콩빵의 인연은 첫사랑으로 이어져 많은 이야기를 만들어갔다. 세월은 흘러 흘러 땅콩빵의 주인공도 땅콩빵의 이야기도 바뀌어 있다. 아아, 땅콩빵, 땅콩빵이여, 양쪽으로 땅콩 한 알씩 들어 있던 너였건만, 이제는 세월이 흘러 땅콩도 반 알밖에 품고 있지 않구나!

전국 어디서나 찾아볼 수 있던 길거리 간식, 땅콩빵! 다른 지역에선 땅콩과자라 불리기도 한다. 보통 땅콩빵과 함께 동그란 호두빵도 함께 팔았는데, 여기엔 호두가 거의 안 들어 있고, 연한 회색의 앙금만 가득 차 있곤 했었다. 반죽은 우유, 분유, 밀가루, 땅콩을 혼합해 만든 것으로, 틀에 반죽을 부어 구워낸다. 전국구의 간식이긴 하지만 흐르는 세월은 이기지 못하고 길거리에서 많이 사라진 모습이다. 하지만 땅콩빵을 가장 먼저 팔았다고 전해지는 부산만큼은 아직 그 모습을 자주 찾아볼 수 있어서 다행이다.

정통 먹자골목의 충무김밥

현재 소설가 길남 씨가 찾아온 곳은 남포동의 오리지널 먹자골목!

소설가는 딸 참참 양과 함께 먹자골목의 중간쯤에 자리 잡고 앉는다. 걸어오는 동안 "맛있어요, 여기 앉아요." 하는 유혹이 있었고, 거기

남포동 먹자골목

에 못 이긴 채 스륵 앉은 자리이다. 오늘의 메뉴는 보기만 해도 윤기가 흐르는 비빔당면과 통영 못지않은 맛을 자랑하는 부산표 충무김밥이다. 통영분들이 무슨 소리냐고 버럭 하실지는 몰라도, 부산 충무김밥의 역사를 보면 보통 40~50년은 기본으로 먹고 간다.

제5공화국의 관제 축제였던 '국풍81'로 인해 전국구 스타가 됐다는 충무김밥! 그런데 이 충무김밥이 생긴 유래에 대해서는 설왕설래 이야기들이 많다. 두 가지 설이 가장 유력한데 잠시 그 이야기를 들어보자.

1. 마, 있다 아인교? 이기 마, 1960~1970년대 이바군기라! 아, 고기
   잡는 뱃사람들이 새벽에 고기 잡으러 가는데 도시락이나 올케 사가
   겠나? 그래가 간단하이 김밥을 싸 갈라카는데 이기 시간이 지나면 자
   꾸 쉬가 묵지도 못하고 버리뿌는 기라. 그래 갖고 김에다가는 밥만 말
   고, 반찬을 오징어하고 담치나 조개 이런 거 쪼린 거 하고, 무로 대충

썬 깍두기를 반찬으로 갖고 갔다 안 하나? 그기 충무김밥 유래라 이기야!

2. 아, 그기 아이지! 뱃사람들이 겨울에 고기 잡으러 가믄 얼마나 추분 데 김밥 쪼가리나 묵고 있을 끼고? 배에서 밥도 해묵고 라면도 낋이 고 국도 낋이고 다아 그라는데! 충무김밥은 그기 아이라, 옛날에 여 수에서 부산까지 가는 여객선이 있었다고. 이기 기차도 잘 안 다니고, 차편도 불편코 하이까 사람들이 무지하게 많이 타고 댕깄다 말이지. 근데 이 여객선이 중간에 쉬어가는 데가 충무, 그라이까 지금 통영이 다 이기야! 그때 배가 항구 입구에서 부두에 갈라믄 속도를 안 낮추 겠나? 이때, 이 충무김밥 장수들이 나룻배로 따라 붙어가 밧줄 걸어 놓고는 목숨 걸고 안 올라탔나? 그래가, 출출한 승객들한테 마, 미친 듯이 팔아 제끼뿌고 다시 밧줄 타고 나룻배로 돌아오는 기야! 그라이 까 이기, 이기! 진짜 충무김밥 유래다 이기야!

    독자 여러분의 판단에 맡기겠지만, 뱃사람들의 속내까지 잘 이해하 고 이야기하는 것으로 보아 길남 씨는 후자의 의견이 좀 더 타당한 것 이 아닌가? 하고 고개를 갸우뚱해보는 것이다.
    유래야 어찌했건 간에 충무김밥을 맛보기로 하자. 일단 무미(無味)의 김밥을 입에 넣으면 양념 그득한 반찬을 찾게 된다. 이때 빨간 양념의 오징어무침과 오뎅을 씹으면 짭짤하니 좋은데, 무언가 텁텁하고 찐득 하단 말이지! 그때 뭉툭한 섞박지를 이쑤시개로 꽂아 아사삭 씹어주면 입안에서는 맛의 폭죽이 파바박 파바박 터져 나온다는 말씀.

먹자골목 충무김밥

먹자골목 충무김밥과 비빔당면

비빔당면

부녀가 충무김밥에 빠져 있던 사이, 아내 전선 양은 비빔당면을 받아 들고 있었다는 사실! 길남 씨도 얼른 한 젓가락 하는데, 미끈한 당면과 야채, 단무지, 그리고 단짠단짠한 양념 국물을 입에 머금은 그는 순간 이런 생각을 한다.

"어라? 따뜻하잖아, 이거."

그렇다. 부산의 비빔당면은 따뜻하다는 특징이 있다. 다른 지역에도 비빔당면이 있지만 완벽하게 비빔면의 일종으로 차갑게 먹는 것이 보

먹자골목 비빔당면

통이다. 하지만 부산 먹자골목의 비빔당면은 국물이 조금 자작하고, 뜨뜻한 특징이 있다.

"오빠, 엄마가 '비빔당면'하면 자다가도 일어나잖아."

길남 씨는 장모님의 비빔당면 추억을 이곳에 옮겨보려 한다.

"내사 마, 처녀 때 저기 진시장 근처 공장에 안 댕깄나? 그때 야간 근무 들어가믄, 식사 때 말고 참 먹는 시간 비슷하이 쪼금 시간을 줬다 아이가. 그라믄 진시장 골목 거게로 쪼오차 안 가나? 그래가 비빔당면 하나 말아 가지고 뜨뜻하이 묵고 오면, 나는 마, 딴 거 필요 없고, 그기 그리 좋던 기라…."

그랬다. 너무 뜨겁지도 너무 퍽퍽하지도 않은 부산만의 비빔당면은 적당히 따뜻했고, 적당히 술술 넘어갔고, 적당히 배를 채우기 좋은 길거리 패스트푸드였다.

떡오뎅 또는 물떡

　가족은 50년 전통 새우튀김 우동의 명가 종각집을 지나 부산은행 후문 방면으로 올라간다. 거기엔 또 다른 먹자골목이 펼쳐진다. 이곳의 명물은 뭐니 뭐니 해도 야채 찌짐과 오징어무침이다. 오늘의 마지막 메뉴는 아마도 저 둘의 콤비로 장식되지 싶다. 하지만 그곳에 닿기까지 아직도 들러야 할 관문이 많다.

　그리고 그 첫 번째가 바로 떡오뎅, 다른 이름은 요즘 핫아이템으로 불린다는 '물떡'이다. 이곳 남포동은 10여 년 전 〈1박 2일〉의 이승기가 다녀간 여파가 아직도 상당히 남아 있다. 그 대표적 가게가 이 국제시장 먹자골목의 중간에 위치한 '40년 전통 00 김밥세상'이다. 먹음직한 오뎅과 떡볶이, 단배추(얼갈이)가 들어간 김밥이 전시되듯 펼쳐진 것

물떡, 어묵, 곤약

물떡 먹는 모습

이 이 집의 특징이다. 하지만 그보다 더 큰 특징은 악명높은 가격일 것이다. 이곳이 유명해진 이유는 이승기를 비롯해 여러 가지가 있지만 전국에 떡오뎅, 그러니까 물떡이 거의 최초로 소개된 집이라 할 수 있겠다. 부산사람들에게는 너무나도 당연한 물떡이었지만, 외지 사람들이 보기엔 '뭐 저런 떡이 다 있지?'라는 반응을 불러왔다. 어쨌든 물떡의 인기는 이제 전국구가 되었다. 참참 양은 물떡을 나무젓가락에 꿰어, 들고 다니며 먹는 걸 즐긴다. 따뜻한 물떡을 한 입 베면 쭈욱 늘어나는 것이 치즈스틱을 먹는 느낌이라나 뭐라나? 길남 씨는 어린 참참 양의 맛 표현에 코웃음을 쳤지만, 웬걸? 전국 인기스타가 된 물떡의 가장 큰 포인트가 바로 저 치즈처럼 늘어나는 식감이란 것을….

국제시장의 단팥죽 · 팥빙수 골목

물떡의 성지에서 부평깡통시장 방면으로 빠지는 골목을 살피면 '어라? 여긴 또 뭐지?'라는 반응을 불러오는 골목이 있다. 이름하여 단팥죽 · 팥빙수 골목이다. 특이하게 이곳 골목의 리어카들은 하나같이 단팥죽과 팥빙수를 판매한다.

팥빙수 5천 원, 단팥죽 4천 원의 가격대이다. 말 그대로 여름에는 팥빙수, 겨울에는 단팥죽이 주로 팔린다. 영화 〈장화홍련〉과 〈놈놈놈〉으로 알려진 김지운 감독이 지치거나 맘이 흐트러졌을 때 부산에 와서 꼭 한 그릇 하고 만다던…, 바로 그 골목의 팥죽이다. 김이 무럭무럭 흘러나오는 팥죽 위로 인절미를 듬성듬성 썰어 올려주는 식인데, 쫄깃, 고

팥빙수-팥죽 거리

소가 앙상블을 이루는 이 맛을 한 번 보면 이 골목을 잊을 수 없다는 전설이 있다. 하지만 오늘 들른 계절은 여름! 전통의 푸른 팥빙수 기계(전자동이 아닌 전수동)에 갈려 나온 눈꽃 얼음 속에 숨겨진 수제 단팥, 그리고 연유와 후르츠⋯. 거기에다 추가되는 '덤덤' 서비스!

"팥 모자라네, 더 넣어 먹고."
"얼음 더 주까? 연유 모자라면 더 넣어주고."

아무리 무더운 여름이라도 이곳 팥빙수를 먹다 보면 그 시원함에 뒷골이 띠잉! 하고 당길 수밖에 없다.

찌짐·오징어무침

자, 이제 오늘의 길거리 먹자 탐방을 마무리할 때가 다가왔다. 지금부터 소개할 찌짐·오징어무침은 지금까지의 다른 메뉴와는 다르게 '영희, 철수 크로스!' 하듯이 조합의 미학을 이루어 내는…, 부산만의 맛으로 유명하다.

1번 초장 베이스의 새콤한 양념, 2번 아삭 양배추, 무채, 상추 등의 채소, 3번 삶아낸 쫄깃 오징어. 1, 2, 3번이 앙상블을 이루는 오징어무침은 부산의 흔한 음식이긴 하나, 가만히 생각해 보면 일반 식당에서도 단품으로는 썩 큰 인기를 얻지 못하는 메뉴이다. 이때 오징어무침과 결연히 손을 잡은 난세의 영웅이 있었으니 그분이 바로 찌짐이다!

오징어무침과 찌짐

찌짐…. 이 사투리는 어떤 재료든 반죽을 만들어 기름에 굽기만 하면 본래의 이름 대신 달라붙을 수 있는 요상한 단어이다. 찌지미, 지짐 등으로 활용되기도 한다. 어쨌거나 저쨌거나 이 골목의 찌짐 재료로는 양배추와 당근, 부추(정구지), 약간의 상추 등이 들어가며 오징어도 간혹 씹히곤 한다. 찌짐은 주문 후 5분 안에 구워지며 겉바촉촉(겉바삭 속은 촉촉)의 원리가 가혹할 정도로 실현된다. 짭짤하고 고소한 찌짐은 간장을 찍어 먹는 것이 국룰이지만 이곳만큼은 오징어무침이 간장보다 우선권을 가진다.

두 가지의 조합은 여러 측면에서 놀라움을 자아낸다. 먼저 단짠의 조합이 실현되면서, 맛의 영역이 새콤고소로까지 퍼져가는 놀라운 확장성은 별표 다섯 개가 아깝지 않다. 여기서 그치지 않고 두 조합은 익은 채소의 부드러움과 아삭한 생채소의 식감을 함께 실현하며 바삭 촉촉 쫄깃의 식감을 모두 놓치지 않는다.

소설가 길남 씨는 부산만의 길거리 음식을 전달하기 위해 남포동 골목 탐방을 시도해보았다. 그 결과는 대만족이다. 그는 수많은 길거리 음식을 접하면서 한 가지 묘한 공통점을 느꼈다. 이곳 부산 길거리 음식은 요상하게도 한 가지 재료로 승부하지 않고, 자꾸 뭘 섞는다는 점이다.

그랬다! 부산 길거리 음식의 특징은 바로 이 조합의 묘미에 있는 것이다. 길남 씨는 문득 포용과 환대라는 부산만의 키워드를 떠올려본다.

대한제국 말기와 일제강점기의 노동자 진출, 그리고 해방 후 해외동포 귀환의 시절, 그리고 한국전쟁 피란민의 유입 등 부산이란 도시는 수많은 사람의 삶을 품고 보내기를 반복했다. 대한민국 어느 도시보다 '오고 가고'의 변화가 극심했던 도시 부산은, 타지의 사람을 배척하지 않고 오히려 품으며 성장해갔다.

고소한 찌짐에 새콤한 오징어무침을 용감하게 크로스 시키고, 다른 지역의 이름이 붙은 충무김밥을 자기 동네 음식 마냥 수십 년간 만들고, 서양의 버터를 녹여 중국식 반죽을 넣고는 수입한 흑설탕과 우리의 씨앗을 집어넣고, 넘쳐나는 생선으로 만든 시원한 오뎅탕 국물에 곤약, 삶은 계란, 가래떡까지 모조리 집어넣고 보는…. 부산의 길거리 음식은 그렇게 다양한 문화가 녹아들어 누구나 즐기는 맛으로 변천해갔다.

자, 이제 이 글도 마무리할 때가 다가왔다. 그런데…, 소설가 길남 씨는 아직도 배가 고프다. 그럼 대체 어떻게 할 것인가? 아아, 그렇지. 아직 우리는 부평깡통시장에 가보지 않았도다. 그곳 또한 온갖 음식들이 펼쳐진 맛의 파티장 아닌가? 소설가는 딸 참참 양의 손을 잡고 국제시장 골목을 어슬렁어슬렁 걷기 시작한다. 또다시 다가올 맛의 향연을 상상하면서 말이다.

2부
부산 사람도 잘 모르는
부산 음식

부산 추어탕을 보면 부산이 보인다 – 바다 추어탕
김 준

생선으로 갈비 한 번 뜯어 보실라우? – 고갈비, 명갈비
반민순

배고픔의 설움 달래준 빼떼기죽 – 영도 조내기고구마
박희진

밥상의 주인공, 해초로 만든 갖가지 음식 – 해초 음식
양용진

마을 사람들만 숨어서 먹는 게 맛 – 청게, 방게, 밀기
김미주

생선회, 이런 방법으로 먹어 봤수? – 전어넙데기회, 꼬시래기회쌈
나여경

바다마을의 대표 잔치음식 – 매집찜
김정화

붕장어 주낙에 걸려 온 말미잘, 밥상에 오르다 – 말미잘탕
김성윤

김 준 | 광주전남연구원

섬과 갯벌의 가치를 글과 사진과 그림으로 나누고 있다.
낙동강하구의 섬과 갯벌을 배회하다 부산음식을 만났다.
『섬문화답사기』, 『바다맛기행』, 『바닷마을인문학』,
『바다인문학』 등을 썼다.

부산 추어탕을 보면 부산이 보인다
- 바다 추어탕

김 준

『조선무쌍신식요리제법』(1924, 2020 복간)에는 추어탕을 추탕(鰍湯), 별추탕(別鰍湯)으로 소개했다. '밋기라지국'으로 소개한 추탕은 업진살이나 사태살을 푹 끓여 건져내고 식힌 육수에 밀가루를 풀고 두부, 생강, 고추, 파, 고비, 버섯을 넣고 저어가며 끓인 후 해감을 한 밋구리를 넣는다고 했다. 이때 생강을 많이 넣는 것이 중요하며, 먹을 때 후추나 계피가루를 넣는다고 했다. 여기에 국수를 말아 먹으면 좋다고 소개했다. 별추탕은 밋구리를 삶아서 살을 발라 으깬 물에 밀가루를 풀고 추탕과 같이 재료를 넣어 끓인 것과 두부를 만들어 보자기에 쌀 때 밋구리를 넣어 눌렀다가 썰어서 추탕과 같은 국물에 넣어 먹는 것이라 했다. 지금도 남원식 추어탕은 미꾸라지를 갈아서 무나 배추 등 채소 잎, 토란대 등을 넣어 끓인다. 반면에 서울식은 미꾸라지를 통째로 넣어 끓인다. 이는 『조선무쌍신식요리제법』에서 소개한 것과 비슷하다. 이러한 구분의 핵심은 미꾸라지의 원형을 유지한 탕이냐 갈아서 탕에 녹아들게 하느냐 하는 것이다. 어느 쪽이든 주재료는 '밋구리'였지 미꾸라지가 아니었다. 밋구리가 귀해지면서 그 자리를 미꾸라지가 차지했다.

이 미꾸라지마저 구하기 힘들었던 부산에서는 바다에서 건져 올린 고등어, 붕장어, 웅어가 대신했다. 서울식도 남원식도 아닌 부산 추어탕이다.

부산 추어탕은 동해와 접한 기장에서는 장어를, 낙동강과 접한 하단포에서는 웅어를, 고등어 배들이 오갔던 자갈치와 영도에서는 고등어를 이용했다. 이런 부산 추어탕을 톺아보면, 부산의 자연환경과 어로문화를 엿볼 수 있다. 그 추어탕에는 한국전쟁과 새마을운동과 이주민의 삶의 문화가 고명처럼 더해진 부산의 음식문화를 엿볼 수 있다. 이러한 지역성과 자연환경을 반영한 부산 음식은 신도심과 도심철도와 관광지 등 장소성이 결합하면서 이동하고 다른 식재료와 섞이면서 새로운 음식으로 만들어지기도 한다.

국밥인가 해장국인가, 고등어추어탕

부산의 시어는 고등어다. 푸른 등은 호쾌함을, 은색 배는 청정한 기품을, 지느러미는 역동적인 힘과 영민함을, 유선형 몸은 목표를 향해 달려가는 창조도시를 상징한다. 고등어는 부산만 아니라 한국인이 가장 좋아하는 국민 생선이다. 구이나 조림은 물론 최근에는 고등어회도 인기다. 하지만 추어탕이라니. 추어탕이라면 당연히 미꾸라지다. 백 보 양보해서 장어는 이해할 수 있지만 고등어추어탕이라니.

고등어추어탕의 중심은 영도와 자갈치시장이다. 선원들과 노동자와 상인들은 이른 새벽에 하루를 시작해야 하는 사람들이다. 이들에게 반찬을 챙기고 상을 차리는 일은 사치스럽다. 후루룩 국을 마시듯 밥을 먹어야 했다. 여기에 잘 어울리는 것이 국과 밥을 함께 해결할 수 있는 고등어추어탕이다. 값도 싸고 맛도 좋다는 소문이 나면서 속을 달래려는 술꾼도 찾으니 해장국이라 이름을 붙여도 손색이 없다.

고등어추어탕

고등어추어탕은 고등어 외에 시래기, 고사리, 숙주 등을 이용한다. 육수는 된장을 넣고 고등어를 삶은 물에 간장과 소금으로 간을 한다. 영도 봉래시장에 자리를 잡고 수십 년을 고등어추어탕만 끓여내는 집의 안주인에게 들은 이야기이다. 비린내 가득한 영도선창이나 부산어시장에서 미꾸라지를 구하는 일은 산삼을 찾는 일이나 다름없다. 찬바람이 나기 시작하면 어시장에 발로 차이는 것이 고등어였다. 고등어의 비린내를 없애기 위해 쌀뜨물을 이용했다. 고등어를 삶아 가시를 발라 내고 살은 으깼다. 여기에 시장에서 쉽게 구할 수 있는 시래기를 넣고 된장으로 간을 해서 끓여냈다. 이곳 식당은 새벽 4시에 문을 열어 13시, 그러니까 오후 1시면 문을 닫는다. 그렇게 60여 년을 이어가고 있다. 주인은 남항선창에 굴러다니는 고등어와 시장에서 쉽게 얻을 수 있는 것이 시래기로 식당을 운영했다. 처음 시작할 때 이곳에 술집도 많았고 색시집도 있었다. 밤새 술을 먹고 아침에 기다렸다 해장국을 한 그릇 후루룩 마시고 들어가는 사람이 많았다. 새마을운동 시절에는 아침 일찍 청소하고 나면 유지들이 주민들과 함께 들어와 밥값을 내고 가기도 했다. 지금도 새벽에 배를 타고 나가는 사람들이 이른 아침 고등어해장국 한 그릇 후루룩 비우고 배를 탄다. 조선소에서 일하던 사람들

부산공동어시장. 선망으로 잡은 고등어를 운반선에서 하역하고 있다.

도 단골이었다.

　가을 배와 가을 고등어는 며느리에게도 주지 않는다고 했다. 산란을 끝내고 겨울을 나기 위해 왕성한 먹이활동을 해서 기름이 가득해 육질이 부드럽고 고소하다. 가을에 잡은 고등어는 내장도 젓갈로 사용했다. '도문대작'에서도 고등어 창자젓이 좋다고 했다. 부산에서 출항한 고등어잡이 선망어선은 제주도 인근에서 잡아 부산공동어시장으로 들어온다. 이 고등어를 여름철에 맛이 좋은 망치고등어와 구별해 참고등어라고도 한다. 겨울에 잡은 참고등어도 급속냉동 보관하면 여름철에도 맛이 떨어지지 않는다. 『자산어보』에 고등어는 '국을 끓이거나 젓을 만들 수 있지만 회나 포로 먹을 수 없다'고 했는데, 손암이 이를 알면 뒤로 넘어질 일이다. 덕분에 고등어추어탕은 사철 맛볼 수 있게 되었다.

　『자산어보』에는 고등어의 등에 푸른 부챗살 무늬가 있어 '벽문어(碧紋魚)', '동국여지승람'은 고등어 모양이 칼과 같아 '고도어(古刀魚)'라고도 불렀다. 조선 시대에 우리나라 전 해역에서 고등어가 잡혔다. 허균이 지은 『성소부부고(1611)』의 「도문대작」을 보면 '古刀魚。東海有之。而腹藏最好。又有微魚者細短而。可食'이라 했다. 이는 '고등어가 동해에서 나는데 내장으로 젓을 담근 고등어 젓갈도 있는데 맛이 가장 좋다. 또 미어라는 것이 있는데 가늘고 짧지만 기름져서 먹을 만하다'라는 의미다.

　고등어는 어군을 형성해 이동하며 경계심이 강하다. 장애물에 부딪히면 아래로 피하는 습성이 있다. 고등어잡이 선망은 이러한 습성을 이용해 만든 어구다. 낮보다는 야간에 움직이며 빛을 따라 움직인다. 『자산어보』에도 '낮 동안 매우 빠른 속도로 헤엄쳐 다니므로 잡기 어렵기 때문에 밝은 곳을 좋아하는 성질을 이용해 횃불을 밝혀 놓고 밤에 낚는다'고 했다. 조선 시대 고등어 어장은 거문도와 추자도, 경남 울산, 강원도, 함경도 원산 지방에 형성되었다. 당시에는 대부분 낚시나 어살로 잡았으며, 비록 명태, 조기, 대구처럼 제상에 오르지 못했지만 어엿한 진상품이었다. 또 종갓집에서도 접빈객에 소중한 식재료로 사용되었다.

대마도를 근거지로 고등어잡이를 하던 어민들은 봄부터 여름 사이에 부산이나 거제도 바다에 나타나 야간에 불을 밝히고 고등어를 잡았다. 이들 중에는 부산이나 마산 객주에게 고등어를 팔기도 하였다. 마침내 일본이 부산에 '부산수산주식회사'를 설립해 이들을 지원하기 시작했고, 직접 고등어염장을 하기도 했다. 일제강점기에는 거제도 장승포, 경남 방어진, 경북 감포, 구룡포, 포항, 전남 거문도 등 조선 연안에 일본어촌을 건설해 고등어를 잡아갔다. 이들 지역에 등대가 세워진 것도 이 무렵이다. 통영의 욕지도, 여수의 안도, 고흥의 나로도 등에도 건착망과 기선으로 무장한 일본 어민들이 들어와 정착을 했다. 특히 방어진에는 고등어잡이 배의 건조, 철공소, 어구 판매소, 저장 및 가공을 위한 제빙소, 염장고 등이 들어섰다. 그리고 신사와 유곽 등 일상생활과 유흥을 위한 시설도 만들어졌다. 당시 들어온 일인들은 대부분 고등어잡이 어민이었다. 손낚시로 고등어를 잡는 조선인과 달리 건착망과 발동기선 등 어망어업의 선진기술로 무장해 대량으로 포획한 고등어는 일본으로 운반되었다. 이렇게 조선어장은 일본의 고등어 공급기지로 전락하였다. 심지어 중국과 미국으로 수출하기도 했다.

말미잘과 붕장어가 만나다

　기장은 장어, 미역, 다시마, 멸치가 유명하다. 이중 멸치(멸치회, 멸치 쌈밥, 멸치튀김, 멸치찌개 등)와 장어(장어회, 장어탕, 장어구이)로 조리한 음식이 향토 음식으로 자리를 자리를 잡았다. 특히 장어는 기장 칠암의 붕장어 회, 월전의 장어구이, 학리의 장어탕(말미잘탕)이 유명하다. 장어탕으로 말미잘을 더한 말미잘장어탕과 장어추어탕은 집밥에서 시작해 여행객 의 입맛까지 사로잡은 향토 음식으로 자리를 잡았다.

말미잘붕장어탕

이때 이용하는 장어는 붕장어다. 우리나라에서 식용으로 이용하는 장어는 붕장어 외에 뱀장어와 갯장어가 있다. 여름철에 보양식으로 많이 찾는 갯장어는 날카로운 개 이빨처럼 날카로운 이를 가지고 있어 『자산어보』에 '견아려'라 했다. 전어나 전갱이나 오징어를 미끼로 연승어업(장어주낙)을 이용해서 잡는다. 뱀장어는 태평양 깊은 바다에서 산란하고 부화한 치어(실뱀장어)들이 강으로 거슬러 올라오면 기수역에서 잡아서 양만장에서 양식을 한 장어다. 낙동강하구댐이 막히기 전에는 하단포에서도 뱀장어를 많이 잡았다.

붕장어 주낙 어구가 쌓여 있는 기장 학리 선착장

기장에서는 붕장어탕으로 매운 양념을 한 붉은 붕장어탕, 말미잘을 넣어 끓이는 말미잘매운탕 그리고 붕장어를 추어탕처럼 끓이는 붕장어추어탕이 있다. 가장 독특한 말미잘매운탕은 학리마을 어민들의 장어낚시에 잡힌 말미잘을 붕장어탕에 넣어 끓인 것이 계기가 되어 향토음식을 자리를 잡은 경우다. 학리마을에는 대여섯 집이 말미잘탕을 내놓고 있다. 두 명이 먹기 적당한 말미잘탕에는 말미잘 두 마리에 붕장어 한 마리가 들어간다. 붕장어탕은 국물 맛이 좋지만 식감은 부족하다. 반대로 말미잘은 육수보다는 부드러우면서도 쫄깃한 식감이 좋다. 서로 보완하며 완벽한 탕을 이루는 찰떡궁합이다. 여기에 채소와 방아잎을 넣어 비린내와 잡내를 잡았다. 말미잘을 찾는 사람이 많아지면서 탕만 아니라 수육으로 내놓기도 하고, 건조해 양념구이로 내놓는 곳도 있다. 그냥 붕장어탕이라면 누가 구석진 목에 자리하는 마을까지 가겠는가. 붕장어탕보다 '말미잘탕'이라 하니 일부러 식객들이 찾아온다. 장어와 가자미를 잡는 낚시에 눈치 없이 올라와 마을을 살리는 효녀 노릇을 하는 셈이다. 마을 당할매가 현신한 것인지 고맙기 그지없다. 기장 붕장어는 산업화 시기 전량 일본으로 수출되어 부산의 외화벌이를 주도한 수산물이기도 했다.

붕장어는 계절에 관계없이 사철 찾는 장어다. 장어탕은 기장, 통영, 여수, 장흥이 유명하다. 탕을 끓이는 방식도 지역에 따라 조금씩 다르다. 통영의 장어탕은 시락국으로 널리 알려져 있다. 장어 뼈를 푹 삶아 육수를 내고 채소의 겉잎인 시래기를 넣고 된장으로 간을 한 장어탕의 일종이다. 여수에서는 채소보다는 숙주를 넣고 끓이며, 고흥에서는 시래기를 넣고 얼큰하게 끓이는 것이 특징이다. 기장의 붕장어추어탕은 어떻게 다를까. 추어탕은 미꾸라지를 넣는 것이 일반적이지만 바닷마을에서 미꾸라지는 쉽게 구할 수 없고 비싸다. 미꾸라지를 대신한 것이

붕장어다. 기장 붕장어잡이는 통발보다는 여러 개의 낚시를 연결해 만든 주낙을 이용해서 잡는다. 보통 30여 개의 주낙틀(바구니)을 가지고 나가 오징어나 꽁치를 미끼로 넣어두고 야행성인 붕장어를 유인한다. 기장은 한류와 난류가 섞이면서 바다가 소용돌이를 치는 해역으로 붕장어가 좋아하는 서식처다.

웅어는 잡히지 않지만 웅어추어탕은 끓인다

부산 추어탕 중에서 가장 생경한 식재료는 웅어였다. 웅어추어탕이라니, 생각지도 못했던 조합이다. 그 흔적을 찾기 위해 하단포를 찾았다. 아쉽게 웅어철이 끝난 뒤다. 웅어철에도 전어, 숭어, 장어 등을 더 많이 잡는 어촌이다. 웅어를 많이 찾지 않던 시절에는 웅어가 그물에 가득 잡혀 버리는 것이 더 문제였다. 지금은 봄철이면 웅어를 찾는 사람들이 많은데 정작 바다에 웅어는 귀하다. 웅어축제까지 열면서 여행객을 불러오지만 내놓은 것은 전라도 등 다른 지역에서 가져온 웅어다. 낙동강 하구에서 잡는 웅어로는 축제가 아니라 평소에 찾는 사람들에게도 내놓을 양도 부족하다.

웅어를 많이 잡았던 마을은 하단, 장림, 홍치 마을 어민들이다. 낙동강 하구 을숙도 아래 장자도와 백합 등의 모래섬으로 둘러싸여 있었다. 봄에는 웅어, 도다리, 간재미를 잡았고, 여름에는 까치복, 서대, 가을에는 전어 겨울철에는 김 양식과 숭어잡이로 일 년 내내 어장으로 먹고살았다. 낙동강하구둑 준공과 매립, 해안도로 조성으로 포구의 기능

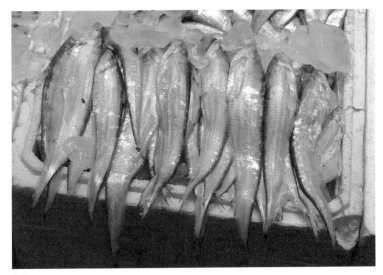

웅어

웅어축제가 열리는 하단포

이 약화되고 겨우 명맥만 유지되고 있다. 하단포는 명지 소금, 김해평 야에서 생산된 벼가 유통되는 상업 포구로 번성해 구포와 함께 주목을 받았던 장터이기도 했다.

특히 화려했던 하단포는 강변도로에 가로막히고 황금갯벌은 주거 단지와 상가시설이 자리를 잡았다. 그 사이로 겨우 배를 접안할 포구 만 남아 애처롭기만 하다. 2006년부터 매년 5월이면 웅어축제를 개최 하고 있다. 지금도 봄철이면 웅어와 숭어를 잡고 가을이면 전어를 잡는 배들이 60여 척에 이른다. 댐이 만들어지면 인근지역 동식물의 생태 계는 물론 기상과 토양까지도 크게 변한다. 낙동강 하구댐이 만들어지 면서 웅어가 크게 줄었다. 뱀장어, 은어, 숭어, 황복어 등도 마찬가지이 다. 그 전만 해도 웅어가 많이 잡혀 처치하기 어려울 정도였다. 가마니 에 담아 버릴 정도였다고 한다. 포구에서 가을전어를 잡기 위해 그물을 만들고 있던 어머니는 옛날에는 웅어가 걸릴까 걱정이었다고 했다. 돈 도 되지 않고 그물에서 따내 버리는 일이 힘들 정도였다. 지금 하단어 촌에서 웅어를 잡는 사람은 두세 집에 불과하다. 웅어축제 때는 어떻게 하느냐는 말에 전라도에서 웅어를 가져온다고 했다. 과거에 웅어가 유 명했던 기억과 잊지 못한 맛을 살리는 축제지만 정작 낙동강 하구에서 웅어가 귀하다.

봄철이면 다른 지역에서 가져온 것이지만 하단횟집에서 웅어회를 맛볼 수 있다. 하지만 웅어추어탕은 식당에서 찾기 어렵다. 주민들이 집에서 만들어 먹는 가정식이기 때문이다. 횟집 주인은 웅어철에 요청 을 하면 식당에서 끓여 줄 수 있을 것이라며 봄철에 꼭 오라며 손짓을 한다. 끓이는 과정은 추어탕과 크게 다르지 않다. 웅어를 푹 삶아서 살을 으깨고 **뼈**를 발라낸다. 그리고 고사리, 부추 특히 숙주가 들어가야 한다. 된장을 넣어 비린내를 잡았다. 포구에서 그물을 손질하던 어머니도 웅어추어탕을 끓일 때 녹두 싹을 틔운 숙주를 넣는다는 점이라고 했다. 웅어는 갈대밭이 발달한 강 하구 기수역에 산란을 하지만 방조제 공사와 매립과 도로건설, 신항만건설 등으로 서식지가 파괴되었다. 또 공장과 가정에서 나오는 폐수로 어족자원도 크게 줄었다. 그래도 봄철이면 잊지 않고 웅어추어탕을 끓여서 먹는다고 한다.

반민순 | 시나리오 작가

부산민예총 사무총장을 역임하였고,
시나리오 작가로 활동하고 있다.
집필한 작품으로는
『너 붉은 사랑』, 『동희호테오』, 『마이갓뎅』, 『우리이야기』 등
다수가 있다.

생선으로 갈비 한 번 뜯어 보실라우?
- 고갈비, 명갈비

반민순

고갈비와 명갈비. 그러면 생각나는 생선이 있을 것이다. 그렇다. 당신이 머리에 떠올린 바로 그 생선. 이름하여 고등어와 명태. 생선 중에서 단연 흔하면서 가격도 싼 생선이다. 고등어와 명태.

대형선망수협에 따르면 한 해 평균 10만여 톤의 고등어가 부산에서 위판되는데 그 양은 전국 고등어생산량의 80% 이상을 차지한다고 한다. 그만큼 싱싱하면서 물량이 많고 물량이 많은 만큼 값도 싸고 손쉽게 구할 수 있던 것이 고등어였으므로 고등어를 식재료로 한 음식이 다양하고 풍성할 수밖에 없었다. 부드럽고 고소한 고등어를 소금 뿌려 구워 먹고, 양념 발라 지져 먹고, 간장에 조려 먹고, 기름에 튀겨먹고, 탕으로 만들어 먹었다. 거기에 더해 고갈비나 고등어회 등 술안주로도 즐겨 먹게 만들었으니 부산사람들 참 대단하다.

서민적인, 너무나 서민적인 생선, 명태. 생선이 귀했을 시절에도 값싸고, 영양가 높고, 맛있는 생선으로, 서민들의 가벼운 식탁에 군말 없이 올랐던 착한 생선. 그야말로 서민들에게는 '크게(太) 밝은(明)' 생선이 명태(明太)다. 명태는 우리나라와 일본 북태평양에서 많이 잡히는 생선으로 조선 시대부터 즐겨 먹었다는 기록도 있다 한다. 그렇듯 친한 생선이지만 2000년대 들어 국산 명태 어획량은 급격히 감소하게 되고 2010년 이후로는 지구온난화로 바다의 수온이 높아져 명태군들이 더 북쪽으로 이동하는 바람에 어획량 통계조차 잡히지 않을 정도가 되어 버려 일본에서 더 많은 명태를 수입하게 되었다. 그러다가 일본의 원전 사고로 방사능 유출에 따른 국민의 불안감이 커지자 우리나라 정부는 2013년 산천어 잉어 명태 등 일본산 수산물을 수입금지품목으로 정한다. 현재는 국내에서 소비되는 명태의 90% 이상이 러시아산이다.

이렇듯 부산사람들과 밀접하게 연결되어있는 고등어와 명태. 그런데 고갈비와 명갈비는 어쩌다 부산의 대표적인 향토 음식이 되었을까? 무슨 재미있는 스토리가 숨어 있는 거지? 고등어와 명태의 요리법 중 갈비처럼 맛나게 하는 요리법이 있나? 에이 설마 그럴 리가. 아무리 맛있게 한다고 갈비 맛과 견준다는 건 좀 아니지 않나? 그럼 왜 그런지 알아봐야지 뭐. 분명히 말할 수 있는 건 결코 요리법은 아니라는 것. 거기에는 재미있는 이야기가 분명 숨어 있을 것이라는 점이다.

1. 고갈비

고갈비는 고등어의 배를 갈라 등뼈가 보이도록 펼쳐서 연탄불에 앞뒤 고르게 자글자글 구워내는 음식이다. 등뼈가 고스란히 보이는 데다 몇 번의 젓가락질에 남은 등뼈를 들고 남은 생선 살점을 갈비처럼 뜯어 먹었다고 '고등어 갈비', 즉 '고갈비'라 불리게 되었다 한다.

'고갈비' 하면 떠오르는 장소가 있다. 광복동 ABC마트(구 미화당백화점) 뒤편 골목. 한때 고갈비 골목으로 불려졌던 곳으로 1970~1980년대에는 골목 양쪽으로 열두 집이 고갈비를 구워 팔았다. 주로 주머니 가벼운 젊은이들이 많이 찾아왔는데 처음에는 광복동을 찾던 인근의 동아대 해양대 학생들이 주 고객이었다. 그러다 입소문이 나면서 부산의 젊은이들, 샐러리맨들까지 즐겨 찾는 곳으로 발전했지만, 현재는 단 두 집만이 남아있다. 아니 남아있었다.

비가 오고 있다는 것을 느끼지 못할 만큼의 안개비가 내리던 2022년 8월의 어느 날. 고갈비 골목으로 들어섰다. 그나마 두 집이 명맥을 유지하고 있다더니 이날은 한 집만 문을 열고 있었다. '남다방'이다. 그 옆의 '할매집'은 안내문 한 장 없이 문이 닫혀있다. 쉬는 날인가 보다. 어느 집에 갈까 망설일 필요가 없어서 다행이다. 남다방도 문은 열려 있는데 주인은 보이지 않았다. 빈 가게 안에는 벽걸이 선풍기 두 대가 돌고 있고 보는 사람도 없는 TV에서는 요즘 인기가 아주 많다는 어느 트

고갈비골목의 할매집과 남다방집. 할매집의 문이 닫혀있다.

로트 가수가 노래를 부르고 있었다. 벽에는 오래전 신문에 실렸던 남마담 기사가 액자에 담겨 걸려있다. 이 집의 역사를 한눈에 본다. 1974년에 문을 열었으니 사람 나이로 치면 49살인가? 마이 묵었다.

이제 고갈비골목에 남은 고갈비집은 남마담집뿐이다.

조금 있으니 사장님이 들어오신다. 우선 고갈비부터 주문했다. 고등어는 가을에서 겨울에 이르는 그때가 뱃살에 기름이 가득 차 더없이 고소하고 맛이 깊어진다. 그래서 특히 이 시기에 잡히는 고등어가 씨알도 굵고, 담백하면서도 부드러울 뿐만 아니라 살집 또한 풍성하다니, 지금이 딱 맛이 올라가는 시점인 것 같다.

고등어는 연기 때문에 밖에서 구워야 한다고 사장님이 밖으로 나가신다. 기름을 두른 철판에 등뼈가 보이도록 펼친 고등어가 올라간다.

굽는 것을 쳐다보고 있으니 곧장 시장기가 돈다. 음식의 맛을 좌우하는 요소야 많이 있겠지만 기다리는 인내심도 한몫하는 것 같다. 급한 마음에 빨리 구우려고 불을 세게 하면 겉은 타고 속은 제대로 익지 않기 때문에 불 조절을 잘해 정성을 들여 천천히 구워야 한단다. 겉껍질이 탈랑말랑하게 굽는 것이 포인트다.

이런저런 말을 주고받으며 고등어 굽는 것을 구경하다가 철판 밑을 살펴보았다.

"엥? 연탄불이 아니고 가스불인데? 남포동 고갈비 골목의 고등어구이는 연탄에서 굽는다 했는데... 그래서 더 맛있다 했는데."

"연탄, 연탄 하는데 사람한테 안 좋습니다. 그나마 고갈비 집이 옆에 할매집하고 우리 남매 담하고 두 집 있었는데, 할매 고갈비집 물려받은 며느리가 뇌졸중이 와 가지고... 그래가 문 닫았어예. 인자는 우리 집 한 집 밖에 안 남았습니다. 마음 안 좋아예. 연탄가스 그게 사람한테 얼마나 안 좋은지. 가스 마시면서 그렇게 장사들을 다 했다 아입니까. 쉬는 날도 하나 없이요."

밖에서 고등어를 굽는 사장님 모습

고갈비골목의 '남다빙'

듣고 보니 맞는 말이다. 장사한다고 천날만날 연탄가스에 노출이 되었을 텐데, 마음이 아프다.

드디어 고갈비 맛을 볼 때다.

"너무 맛있습니다"

고개를 뒤로 돌려 입에 침 발라 말하는 그런 아부성 멘트가 아니다.

"냉동 아입니다. 생고등어고 크기도 크고. 다 맛있다 합니다."
"생고등어를 씁니까?"
"이 집 생기고부터 원칙입니더. 그라고 고등어는 잔잔하면(작으면)

맛이 없어예. 적어도 30센티 이상은 되어야 구울 때 고등어 기름이 자글자글 나오면서 맛이 있다고요."

"아, 네."

"크기가 클수록 고등어 배에서 나오는 고소한 기름도 많이 나와 최고로 맛있지예. 특히 10월부터 12월에 잡히는 고등어는 기름이 좔좔 더 윤기가 흐른다고요. 산란 직전이 제일 맛있는데, 그래서 2월에 산란기 들어가면 4, 5, 6월은 고등어 맛이 없어진다고요."

이모님 얼굴에서 빛이 난다. 나도 저 기분을 안다. 고갈비에 대한 자신감과 자부심이 뿜어져 나온다. 사람의 얼굴에서 빛이 나고 예뻐 보일 때는 마음에 이미 그만큼 빛이 나기 때문이다.

고갈비

요즘 물가가 장난 아니지 않나. 고등어가 싼 생선이라는 말도 옛말이다. 30센티 이상 생고등어 한 마리에 돈이 얼만데... 그래도 생고등어를 쓰는 게 자존심이라 그것은 버리지 못한단다. 물론 앞으로도 그럴 것이라고.

"생고등어라 여름에는 3일 정도 지나고 4일째 되면 다 버립니다. 맛이 안나는데요 뭐"

"그래가 장사는 됩니까? 코로나 타격 안 받았습니까?"

"타격 컸지예. 고갈비집은 1차에 오는 곳이 아니거든요. 다른 곳에서 한잔하고 2차나 3차로 오고, 또 술 마시다가 추억으로 찾아오는 그런 집인데, 한참 코로나 시기에는 9시까지밖에 영업을 못 했습니다. 첫손님이 아홉 시 다 되서 오면 언제 고갈비 구워서 언제 술 마십니까? 안된다고 돌려보냈습니다. 아이고, 공치는 날 많았어예"

이노무 망할 코로나. 떨어지지도 않고 에지간히 애를 먹인다.

그렇게 말을 주거니 받거니 하고 있는데 젊은 남자 두 사람이 가게 안을 보고 인사만 꾸벅하고 계단을 올라간다.

"여기 2층도 있나 보네요?"

"아이고 2층 있지요. 더 넓습니다."

그러면 그렇지. 눈에 보이는 것이 전부가 아니었다. 남포동 고갈비집 골목은 젊은이의 해방구였던 문화사적 의미가 있다. 지금도 젊은 사람이 많이 온단다. 그들에게도 고갈비집은 여전히 해방구일까? 남녀도 오고 단골도 오고. 민원 때문에 아주 크게 소리 지르지는 못하지만 젊은이들 5~6명이 와서 노래도 부른다. 대학생들도 오지만 이 근처 가게에서 일하는 서른한두 살의 젊은이들이 퇴근하고 온다. 그런 단골들이 많다. 여기 2층은 자기들만의 공간이다. 할 말 못 할 말 다 하게 만든다. 그렇게 하소연과 함께 서로 다독이고 위로하면서 힘들었던 하루를 마감한다.

"이모. 여기 오면 뭔가 모르게 자유로워요."

자기들끼리의 공동체성이 만들어질 것이다. 화장실을 가려면 1층으로 내려가야 하는 불편한 곳이지만 그게 뭔 대수일까. 그러니 1층이 비어있어도 2층으로 가겠지.
추억이 있는 사람들도 이곳에 오면 2층으로 올라가 옛날에 자기들이 앉았던 꼭 그 자리에 앉는단다.

"아이고, 옛날 같지 않아 다리 아프다."

이렇게 투덜대면서 말이다.

"지금은 우리 집 한 집 밖에 없어 서글픕니다. 고갈비 골목이라면 적어도 서너 집은 있어야 골목이라고 할 수 있지예. 같은 집이 여러 개 있

2층에서 식사를 하는 손님들

으면 서로 경쟁만 하지 뭔 이익이 있겠나 하고 속상할 필요 없습니다. 니 집 내 집할 것 없이 손님들이 북적거려야 오히려 같이 발전하고 수익도 올라가는 거지예. 고갈비골목의 명성은 다시 찾아야 됩니다. 그때까지는 끝까지 버티야지예."

'남다방', 고갈비 골목에 남아있는 마지막 고갈비집. 다음에, 또 그 다음에 와도 그대로 있었으면 하는 바람은 괜한 낭만에 젖은 나만의 생각일까.

2. 명갈비

'명갈비', 그나마 주머니 사정으로 '통마리'조차 먹지 못했던 사람들이 명태대가리를 구워 즐겨 먹었다. 명갈비는 명태를 가공하고 남은 명태 대가리와 등뼈 등에 튀김 옷을 입혀 번철에 구운 것으로 대가리와 등뼈 사이에 남아있는 살을 발라 먹는 음식이다.

명태대가리가 뭐 먹을 것이 있겠나 싶지만 절대 그렇지 않다. 나도 생각해 보니 어릴 때 어머니가 부전시장에서 명태를 사 오시면 몸통은 탕을 끓이거나 조리고 대가리는 튀김옷을 입혀서 구워주시곤 했던 기억이 있다. 살이 제법 있었다. 요즘도 식당이나 술집에서 안주로 나오는 명태대가리를 먹어보면 역시나 살이 많다. 살을 발라 먹는 재미가 있다는 말이다. 부산에는 명갈비를 주안주로 내놓는 곳이 몇 군데 있다. 어시장에서 버려지던 명태대가리를 주워와서 밀가루 반죽을 둘러 구워낸 것이 시초라는 초량전통시장, 부전시장 약국골목 사이에 쭉 들어서 있는 명태대가리 골목. 연산동에도 명태대가리 파는 곳이 있다. 물론 부산의 오래된 전통시장에는 거의 다 명태대가리전을 파는 곳이 있다. 어느 집이 제일 맛있냐고 물으면 각자의 답은 다를 수 있지만 공통점은 하나다. 밀가루 반죽 정도가 어떤가에 따라 질척거리거나 딱딱하지 않고 이른바 겉바촉촉(이른바 겉은 바싹하고 속은 촉촉한)이 되어 맛있다는 것. 거기에 양념소스의 맛도 한몫한다.

이번에는 문현동 썩은다리 앞 골목에 있는 명태대가리 집을 찾아갔다. 일부러 그런 것은 아니었는데 거기 간 날도 고갈비집을 찾아갔을 때와 마찬가지로 비가 내리고 있었다. '원조명태갈비찌짐' 집. 문현동의 노포다. 이 길에 명태대가리집이 몇 집 있었지만, 이 집만 살아남았다. 그 옆에 있던 전집까지 인수해서 테이블 수가 많다. 2층도 있는데 언제나 사람들이 바글바글한다. 이 집은 명태전 말고도 안주가 부산말로 억수로 많다. 값도 싸다. 그렇지만 싸다고 마구 시켰다가는 큰 낭패를 본다. 싸다고 각자 먹고 싶은 것 다 하나씩 다 시키다 보면 나중에 계산할 때 생각보다 술값이 많이 나오기 때문이다.

이 집에는 엄밀히 말해 명태대가리전은 없다. 명태통마리전이 있다. 궁금하면 물어봐야지.

"옛날에는 명태대가리 팔지 않았습니까?"
"그때가 언제라고예. 대가리 안 팔고 통마리 판 지 오래됐습니다. 얼추 십 년 되었을 껀데요. 일본에서 수입 금지됐을 때부터였지예."

아, 괜히 섭섭한 마음이 든다. 그래도 여기 왔으니 통마리라도 시켜 먹어봐야지. 그리고 통마리에 대가리도 있으니 명태대가리라고 해도 되지 않을까.

"명태 통마리하고... 이왕 왔으니 고갈비도 주세요."

주인장에게 이것저것 묻고 싶었으나 너무 바쁘게 왔다 갔다 하시니 미안해서 물어볼 수가 없다. 안주를 기다리는 동안 주위를 둘러본다. 나이 드신 분들도 있고 젊은이들도 있고 연인인지는 모르지만 남녀도 있다. 나이 드신 분들 테이블에는 벌써 몇 병의 빈 소주병과 빈 안주 접시가 보인다. 슬쩍 말을 건네보았다.

명태통마리와 고갈비

"여기 단골이신가 봐요. 친구 사이인가 보죠?"

멋지게 차려입은 분이 대답을 해준다.

"아니오. 저는 처음 왔습니다. 우리는 연배가 비슷한 같은 회사 사람입니다. 일행 중의 한 명이 여기 단골인데, 여기 오면 이 집에 꼭 와야 한다고 해서 왔습니다."
"어떤 것 같습니까?"
"뭐 옛날 생각이 나는 면도 있지만 요즘 안주 맛있는 집이 얼마나 많아요? 맛은 그닥 별로네요."

이곳이 그리 썩 마음에 들지 않는 것 같다. 명태통마리와 고갈비전이 나온다.

배가 고파서 그런가? 내 입에는 왜 이렇게 맛있는 거지? 내 뒤에서 즐겁게 술 마시고 있는 젊은이들의 대화에 귀를 쫑긋거려본다. 테이블 위에 명태대가리와 순대볶음이 보인다.

"이 집 안주는 맛없는 기 없다."
"맞제. 진짜 맛 있제."
"돈만 있으면 여 있는 거 다 묵고 싶다."

그래, 그런 것이다. 잠깐 잊었다. 고갈비, 명갈비 안주가 어떻게 생겨났던가? 그리고 그 음식을 누가 즐겨 먹었던가. 팍팍하고 고단했던 노동의 끝에 마음을 달래려 찾았던 노동자들, 현재의 삶보다는 더 나은 삶을 살 수 있을 것이라는 믿음으로 현재를 열심히 달렸던 고단한 청춘들이 아니었던가? 주머니 사정이 넉넉하지 못했던 그 시절에 그래도 마음 편하게 찾을 수 있었던 곳이 바로 고갈비, 명갈비집이었다. 지금 우리의 주머니 사정은 어떤가? 자고 나면 물가가 오르는 요즈음 당신의 주머니는 불룩한가? 만약 그렇지 않다면 고갈비와 명갈비는 여전히 현재진행형이고 앞으로도 그럴 것이다. 하지만 꼭 그것만은 또 아니다. 주머니가 넉넉하여도 아마 우리는 이곳을 다시 찾을 것이다. 맛과 멋과 추억을 찾아서 말이다. 결코 잊고 싶지도, 잃고 싶지도 않은 곳. 그런 곳이 바로 부산에 있다.

참고문헌

1. 부산중구, 『골목, 부산사람』, 2018
2. "[시장따라 골목따라] '명태 대가리'라고 얕보지 마라!", 부산일보, 2009.01.11.

박희진 | 사진가, 동주대학교 교수

중앙대학교 사진학과를 졸업하고
1996년부터 동주대학교 교수로 재직 중이다.
다큐멘터리 사진과 순수창작 작업으로 알려진
부산을 대표하는 사진가로서
문화예술의 영역과 사회복지를 연계한
문화복지 현장활동가로 인정받고 있다.

배고픔의 설움 달래준 빼떼기죽
- 영도 조내기고구마

박희진

고구마와 감자는 사촌 간이라 해도 지나친 표현은 아니다. 남쪽에서 재배하는 감자라고 하여 몇몇 지역에서는 방언으로 '남감자'라고도 하고 '감저'(甘藷), 즉 '단맛이 나는 덩이뿌리'라고도 불렀다. 고구마와 감자 둘 다 땅속에서 자라지만 고구마는 뿌리식물이고 감자는 줄기식물이라는 차이가 있다. 생김새도 비슷하고 영어식 표현도 스위트 포테이토(sweet potato)와 포테이토다. 일본 특히 대마도에서 감자나 고구마 토란 같은 식물을 일본식 발음으로 이모(いも)라고 하고 부모님께 드리는 효행(孝行)을 코우코우(こうこう)라고 발음한다. 다시 말해 기근이 들고 어려울 때 부모님을 위한 구황작물로서 효행식물 또는 효행고구마를 '코우코우이모(孝行麻, こうこう いも)라고 불렀는데 급하게 발음하면 코코모라고도 들려 우리나라에 들어오면서 '고구마'라고 불리기 시작했다고 하고 또는 고구마에는 부모 공양의 효성 지극함이 의미가 담겨 있는 '효자마(孝子麻)'라고 부르는데 효자마의 일본 발음이 '코오시마'인데 한자로 옮겨 적으면 '고귀위마(高貴爲麻)'가 되기 때문에 고구마가 되었다고 한다.

영도 전경

　우리나라에 고구마가 들어 온건 조선 시대 후기로 거슬러 올라가 영
조 39년인 1763년 문신인 조엄(趙曮)이 조선통신사로 일본에 갔을 때
대마도에서 고구마를 가져와 제주도와 동래부(현재 부산) 영도에서 재배
를 시작했다고 전해 온다. 일본에서 고구마 종자를 가져온 조엄은 이
조판서 조상경(趙商絅)의 아들로 1719년에 태어나 1777년에 사망하였
으며 1738년 과거급제를 하였고 1757년에는 동래부사를 거쳐 충청
도 암행어사로도 활약하였으며 의금부지사와 평안도관찰사를 거쳐 이
조판서를 지냈다고 한다. 1777년 김해에서 병사할 때까지 영조를 도
와 산업발전에 기여하였으며 저서로『해사일기(海槎日記)』,『해행총재
(海行摠載)』등을 남겼고 그중에서 조선통신사로 일본을 다녀온 과정을
기록한 해행총서 28권은 현재 국립중앙도서관에 소장되어 있다. 조엄
이 조선통신사로 대마도에 들렀을 때 고구마 종자를 얻어 수행원을 통

해 1763년 부산진으로 보내 보관하다가 조선통신사를 마치고 돌아와 1764년 현재의 영도와 제주도에 시험 재배를 한 것이 우리나라 고구마의 기원이라고 할 수 있다.

좀 더 자세하게 고구마 첫 재배과정을 알아보면 1764년 동래부사에 부임한 강필리(姜必履)는 조엄이 보낸 고구마 종자를 받아 재배에 성공하면서 동래 부민들에게 고구마 재배를 장려하였고 1766년에는 우리나라 최초로 고구마의 재배와 활용에 관한 책인 『강씨감저보(姜氏甘藷譜)』를 완성하였다. 고구마가 보급된 초기에는 고구마의 특성과 월동 방법을 몰라서 추위에 얼어 죽어버리는 경우가 많았지만 강필리의 책과 1843년 서유구(徐有榘)가 쓴 종저보(種藷譜)가 출간되면서 본격적으로 고구마 재배가 활성화되었다. 서유구는 전라도 관찰사로 있을 때 가뭄과 기근으로 유랑하는 농민들의 정착을 위해 각 고을에 씨고구마를 공급하고, 고구마 재배를 가르치기 위해 편찬한 책으로 알려져 있다. 조선 후기 고구마의 재배와 이용에 관해 집대성한 책인 서유구의 종저보에는 고구마의 기원과 적절한 기후나 토양, 재배에 관한 이종과 순을 베는 방법은 물론이고 구황작물로서의 활용까지 자세하게 14가지 항목으로 구성되어 있다.

영도에서 재배되었던 고구마를 '조내기고구마'라고 하였는데, 조내기고구마의 어원을 찾아보면 조엄이 가져왔다는 의미에서 '조'와 지역을 의미하는 '내기'가 합쳐져서 조내기고구마가 되었다고 한다. 또 다른 조내기고구마의 어원은 고구마를 처음 재배하기 시작한 마을에서 조엄이 고구마를 모내기하듯 종자를 뿌려서 재배하였다 하여 조엄의 '조'와 모내기의 '내기'를 합쳐 조내기라 불렀다고도 한다. 행정구역상

조내기고구마

으로 부산광역시 영도구 청학동에 조내기 마을이 있었다고 하는데, 조내기 마을의 명칭은 청학동 봉래산 언덕을 따라 조내기고구마가 재배되던 마을이었고 청학동과 동삼동의 경계지역에는 일산배기봉이 있어 일산배기 마을로 불리기도 하였으나 크게 보면 모두 조내기마을에 들어간다고 할 수 있다. 영도구 청학동의 조내기마을은 서쪽으로는 봉래산과 동쪽으로는 해안과 접하고 있으며 조내기고구마를 재배하던 밭들은 봉래산 기슭의 비탈들이었다. 현재는 청학2동 영도구청 서쪽으로 아파트 단지가 들어서 있어 옛 흔적을 찾을 수 없지만 도로명이 '조내기로'라는 이름이 남아있어 과거의 위치를 짐작할 수 있다.

일제강점기 영도는 군사시설과 공업시설 그리고 수산업시설 등이 다양한 규모와 형태로 자리 잡았으며, 일본인들이 필요로 하는 채소공급지의 역할을 부산진과 대신동 그리고 영도가 담당하였다고 전해 온다. 영세한 조선인 농민들이 가지고 있던 농지와 토지는 일본인에게 수

탈당하고 산으로 올라가 개간하여 농사를 지을 수밖에 없었으며 영도에는 조선인 농민과 일본인이 함께 조직한 일한농회(日韓農會)가 조직되어 운영되었다고 한다. 채소 등의 농업 생산이 큰 비중을 차지하고 있음을 짐작할 수 있는 또 다른 근거로 이우, 산우, 장우, 당우(里芋 山芋 長芋 唐芋)라고 영도에서 생산된 채소들의 가격표를 1906년경에 작성된 자료에서 확인할 수 있다. 당우(唐芋)는 일본에서 고구마 생산되기 시작한 가고시마의 옛 지명인 사츠마(薩摩)에서 고구마를 사츠마이모(薩摩芋, さつまいも)라 불렀으며 대마도에서 사용하던 코우코우이모(孝行麻, こうこういも)에 '이모'를 마로 바꾸면 고구마와 유사한 발음이 된다. 또한 일제강점기 초기에는 조선의 식량난을 해결하기 위해 일본으로부터 고구마를 수입하였으며 조선에서는 전라도 경상도의 남부 일부 지역과 목포, 부산지역에서 재배하였지만 품질이 좋지 않았다고 전해 온다.

1910년 무렵 고구마 재배가 확산되기 시작하였으며 1920년대 중반 무렵 조선총독부는 고구마를 대체식량으로 지정하면서 영도에서는 본격적으로 고구마 재배가 활성화되는 계기가 되었다. 영도에서 본격적으로 고구마가 생산되기 시작하면서 일산배기마을과 현재의 낙천대 아파트 지역, 영도구청 주변, 동삼동 삼거리 등에서 활발하게 재배되었으며 가장 늦게까지 재배가 이어진 곳은 일산배기마을 지역이라고 한다. 현재의 조내기로와 광명고등학교 뒤편인 광진장로교회 인근 지역(영도구 일산봉로37번길 7)에 이주해온 일본인들이 직접 고구마를 재배하기도 하였으며 산비탈의 나무를 베고 돌을 제거하는 등 '띠지기'라 불렀던 개간작업을 통해 확보한 경작지에 조선인들도 고구마 재배를 하였다고 한다. 일제강점기 일본인 소유의 땅을 제외하고는 대부분 개간으로 얻어진 땅이며 현재의 동삼주공아파트와 원우아파트 광명고등학교 인근 지역이 대표적인 개간지이다. 개간한 봉래산 지역은 척박하고 비탈진 땅이고 돌이 많은 산간 지역이므로 벼를 심는다는 것은 불가능하였으므로 주로 보리나 고구마를 재배하였다고 한다, 이렇게 하여 수확한 고구마는 일본이 거주지로 팔려나가기도 하였고 상품 가치가 떨어지는 고구마는 식량으로 활용되어 자급자족의 수단이 되었다고 한다.

현재 영도에 거주하고 있는 고구마 재배에 경험이 있는 고령자들은 조내기고구마라 불렀지만 조내기고구마의 뜻과 기원에 대해서는 몰랐으며, 대부분 이주민이거나 해방 이후 출생자들이고 영도구청 주변에서 고구마를 재배하다가 산업화와 도시개발로 인해 일산배기마을로 올라오게 되었다고 한다. 1960년대에 접어들면서 정부에서 주정의 원료를 당밀에서 고구마로 대체하면서 일산배기마을의 고구마 생산은 전국적인 고구마 재배 확대와 함께 확장되었지만 1970년대를 기점으로 쌀생산의 자급이 가능해졌고 주정의 원료가 다양해지면서 전국적인 감소 추세와 함께 급속도로 감소하면서 조내기고구마도 사라지게 되었다. 실제 고구마를 재배하였던 영도 주민들의 이야기에서도 1967년에는 일산배기마을 한 곳에서만 고구마 재배가 이루어졌고 1970년대 초에는 완전히 자취를 감췄다고 한다. 일산배기마을에서 고구마를 재배하였던 주민은 "개간한 땅에 보리나 고구마 말고는 심을 게 없었고 고구마는 거름을 주지 않아도 되고 오히려 거름을 주면 물고구마가 되어 맛이 없었고 아무것도 주지 않아야 타박한 맛있는 고구마 열였다."라고 과거를 회상하였다. 일산배기마을에서 재배되는 고구마는 조내기고구마와 오끼나와 고구마 2가지 종류가 있었는데 조내기고구마는 맛이 좋아 판매를 목적으로 하였고 오끼나와 고구마는 희고 맛이 없었지만 가족 생계용으로 재배하였다고 한다. 개간한 일산배기마을은 습기가 적은 붉은 황토 성분의 땅이었고 거름을 사용하면 고구마는 줄기만 성장이 빠르고 뿌리인 고구마는 잘 자라지 않기 때문에 거름을 줄 수 없는 마을의 특성과 잘 맞았다고 한다. 보리나 쌀에 비해 경제성이 떨어지지만 토양의 특성에 맞는 작물이 고구마였으므로 재배 작물로서는 선택의 여지가 없었다고 한다.

기억 속에만 남아있는 조내기고구마는 색깔이 빨갛고 밤 맛이 나며 털이 많고 작았는데, 주먹 크기도 있었지만 갸름하였으며 털을 다듬지 않고는 팔 수가 없었으며 진이 많아 손에 묻으면 잘 지워지지 않았다고 한다. 다음 해 재배를 위해 상처가 나지 않은 고구마를 골라 나무상자에 넣고 얼지 않도록 따뜻한 방에 보관하였다가 음력 2월에 밭에 심는데, 봄이면 식량이 부족해지기 때문에 심어 놓은 고구마를 훔쳐 가는 도둑들이 많았다고 한다. 음력 9월이 되면 먼저 고구마 순을 낫으로 쳐내고 소가 끄는 쟁기나 괭이를 이용하여 고구마를 캐는데 소가 끄는 쟁기는 상처가 많이 나서 상품 가치가 떨어지고 괭이나 호미로 하나씩 정성스럽게 수확하였다고 한다. 고구마를 수확할 때는 항상 도둑들이 많았으며 주민들이 함께 원두막이나 오두막에서 호롱불을 켜고 고구마를 지켰고 새벽 4시가 되면 봉래시장 남항동시장 자갈치시장과 국제시장 그리고 초량시장 상인들이 고구마를 사러 왔다고 한다. 고구마 상인들은 일산배기마을 근처 계곡물에 고구마를 씻어서 가져갔으며 집에서 고구마를 쪄서 시장에 내다 파는 피난민들도 많았다고 한다. 1970년을 전후해서 고구마 재배 마을인 청학동과 동삼동 등 도로가 만들어진 마을들은 시내에서 버려지는 연탄재로 인해 토질이 변하기 시작하였지만 일산배기마을은 산 중턱에 위치해 있어 청소차 진입이 어려워 상대적으로 토질 변화가 늦었다고 한다. 연탄재가 밭에 유입되면서 토질은 황토에서 수분을 많이 포함하는 사질토로 바뀌고 고구마 재배보다는 채소 재배에 적합한 환경으로 변화되었다. 또한 1972년을 기점으로 부산의 도시 총인구는 200만 명을 넘어서게 되면서 채소 수요가 증가하였고, 쌀을 비롯한 양곡도 자급자족이 되면서 식량의 대체 식품이었던 고구마 소비가 축소되면서 영도의 고구마 재배는 끝나게 되었다. 이후 고구마 재배지는 봄 여름에는 상추와 열무, 겨울에는 시금치 등이 재배되면서 동삼동 일대를 '푸른 공장'이라고 부르기도 하였다.

조내기 고구마로 지역특산품을 개발한 황외분 씨(62세)는 청학동 일대에서 조내기고구마를 복원하면서 4천여 평의 부지에 재배를 시작하였고, 고구마 가공식

조내기고구마로 지역특산품을 개발한 황외분 씨

품으로 된장 쌈장 조청 등의 다양한 식재료를 개발하였으며 쿠키나 초콜렛 등의 제품도 생산하고 있다. 황외분 씨는 1983년 결혼과 함께 동래에서 영도로 시집을 오면서 고구마 연구하기 시작하여 30여 년이 되었다. 그는 어느 날 시장에서 고구마를 파는 할머니가 "고구마는 큰 거만 내다 판다. 원래 작은 고구마는 돈은 안 되지만 더 맛있다."는 이야기를 듣고 조내기고구마 복원과 재배를 시작하였다고 한다. 그는 시장에서 만나 할머니의 집에서 사 온 라면 박스 20개 정도의 조내기 고구마로 시행착오를 겪으며 재배를 시작하였고 가공식품으로 개발할 때마다 특허를 신청했다고 한다. 종자를 보관하고 싹을 내기 위해 전라도 토굴을 이용해 보기도 하고 초콜릿을 만들 공장 섭외를 위해 제주도를 오가기도 했다는 황외분 씨는 2013년 마을 주민 6명과 함께 마을기업으로 확장하여 고구마 튀김·빼떼기·김치·말랭이·삶은 고구마 가루 등 30여 가지 제품을 개발하면서 보람을 느낀다고 했다. 빼떼기는 삶은 고구마나 생고구마를 얇게 썰어 말리면 하얀 당분이 나와 뼈다귀를 닮았다고 하여 경상도 사투리로 빼다구로 불리다가 점차 빼떼기로 불리기 시작하였다. 식량이 부족한 겨울에 죽으로 끓여 먹기도 하였는데, 이것을 '빼떼기죽'이라 불렀으며 최근에는 웰빙 음식으로 관심을 끌면서 풍부한 영양과 간단한 조리법으로 주목받고 있으며 팥이나 조 강낭콩 등 다양한 곡물을 넣어 끓인 빼떼기죽이 인기를 끌고 있다.

부산은 물론이고 경남 인근 지역에는 특히 고구마와 관련된 요리들이 많다. 경남 남해와 통영 욕지도 등 경남의 많은 곳 들이 겨울에 먹을 것이 부족하면 고구마를 주식으로 하였으며, 빼떼기죽은 오히려 영도보다 더 유명하게 알려져 있을 정도이다. 과거 배고팠던 시절 쌀보

조내기고구마로 빼떼기를 만드는 과정

다 귀하지는 않았지만 고구마도 그리 흔하지 않아서 여러 명이 먹기 위해 양을 부풀리기 위해 고안해 낸 것이 빼떼기죽이라고 한다. 자연건조로 비틀어지고 당분이 배어 나와 하얗게 된 빼떼기를 과자처럼 간식으로 먹으면 단맛이 나고 씹을수록 쫄깃하면서도 구수한 맛을 느낄 수 있다. 육지에서 영도로 시집와 60년 넘게 영도에서만 살아온 80대 할머니는 "과자가 없던 시절 우리 집 아들딸 사 남매들은 빼떼기가 최고의 과자로 알았다. 먹을 게 귀한 시절이라 쌀밥은 꿈도 못꾸고 하루 세 끼를 빼떼기죽으로 아이들을 먹일 때도 있었다. 그나마 아이들을 빼떼기죽을 먹고 나면 어른들은 빼떼기죽마저도 없어 굶었던 때도 있었다." 라고 하면서 "요즘은 동네 식당에서 빼떼기죽이 몸에 좋다고 팥이나 콩도 넣고 수제비나 칼국수도 넣어 만들어 먹는데, 옛날 빼떼기죽에는 넣는 것도 없이 죽으로 끓여 배만 부르면 그게 최고였다."라고 회상하였다.

빼떼기 조리법은 구황식품답게 간단한데, 빼떼기를 물을 넣어 불린 다음 푹 끓여주면 되는데 요즈음은 미리 불려놓은 찹쌀이나 팥 콩 조등을 함께 넣고 식용 소다를 한 숟갈 정도 첨가하면 옛날 맛이 난다고 한다. 상하지 않게 고구마를 보관하는 방법으로 찾아낸 말린 고구마 빼떼기는 생김새와 맛도 소박하다고 강조하는 할머니는 "가마솥에 한솥 넘치게 끓인 빼떼기죽으로 식구 전체가 며칠을 먹을 때도 있었다. 그때는 맛도 모르고 먹었고 그저 배고픔만 잊으면 그만이었다. 요즘 멋 낸다고 빼떼기죽에 밤도 넣고 해물도 넣고 이것저것 넣고 끓이는데 그건 빼떼기죽이 아니다. 소금 간만 살짝한 빼떼기죽이 최고다."라고 했다.

영도구청에서 2015년 『보물섬 영도이야기 스토리텔링 100선』을

조내기고구마역사기념관

출판하면서 조내기고구마는 영도를 대표하는 콘텐츠로 알려지기 시작하였으며 이후 '영도 고구마 시배지 만들기' 사업과 함께 2020년에는 '조내기고구마역사기념관'이 개관하였다. 기념관 1층은 전시실 2층은 카페 및 고구마요리 체험실과 교육장이 마련되어 있고 매년 조내기고구마와 관련된 주제로 어린 사생대회가 개최되고 있으며 5월에서 10월까지 고구마 체험농장이 운영되고 있다.

양용진 | 연구원

제주에 살며 제주사람들과 우리나라 서민들의 전통음식과 식재료에 대한
공부를 업으로 삼아 살아간다.
제주향토음식 1호 명인인 어머니의 뒤를 이어
'제주향토음식보존연구원'을 운영하고 있으며,
또한 작은 국밥집도 함께 운영하고 있다.

밥상의 주인공, 해초로 만든 갖가지 음식
- 해초 음식

양용진

원초적 바다 먹거리, 해조류

일반적으로 해조류를 식용으로 이용해온 나라는 우리나라와 일본 뿐이다. 그 외의 나라에서 해조류를 식용으로 이용하는 예는 지극히 국지적이거나 극소수 집단에서 나타날 뿐이다. 우리는 흔히 '해초(海草)'와 '해조(海藻)'를 구분 없이 칭하는데 해조는 바다에 사는 식물의 총칭이고 해초는 해조 중에서 종자식물의 총칭이기 때문에 해조류가 해초를 포함하는 넓은 의미가 있다고 하겠다. 이러한 해조류는 전 세계적으로 2,000여 종 이상이 발견되었으며 그중 우리나라 근해에는 500여종이 분포되어 있는데 식용으로 많이 이용되는 해조류는 약 50여 종 정도라고 한다. 한때 일본의 식품학자들은 자신들만이 해초를 식용으로 이용하는 나라라고 국제사회에 발표한 적이 있는데 사실상 해조류를 일본보다 더 다양하게 식용으로 활용하는 나라는 오히려 우리나라라 할 수 있다. 다만 현대의 일본인들이 해조류 섭취량에 있어서는 세계 최고임은 부인할 수 없는 사실인데 다시마나 우뭇가사리, 해태 등

몇 가지 해조류에 국한되고 있기 때문에 다양성에 있어서는 우리나라가 세계 최고라 자부할 수 있다.

해조류가 중요한 이유는 식량자원이기 이전에 바다의 청정 상태를 알 수 있는 척도이기 때문이다. 그래서 해양학자들이 어떤 해조류가 어느 만큼 번식하고 있는가를 정기적으로 조사하는 것은 환경보호를 위해서 매우 중요한 작업이다. 특히 해조류는 바다 먹이사슬 최하층구조의 근간을 이루는 생물이기 때문에 해양생태계 전체에 끼치는 영향은 가장 중요하다고 단언할 수 있다.

해조류를 분류할 때는 녹조류, 갈조류, 홍조류로 구분되는데, 녹조류는 주로 얕은 바닷물 속에 서식하면서 광합성작용이 활발하게 일어나서 초록색이 강한 파래나 클로렐라 등이 속하며 갈조류는 다시마, 미역, 톳, 모자반, 감태 등이 여기에 속한다. 홍조류에는 김, 우뭇가사리(천초), 가시리 등이 여기에 속한다. 즉, 분포하는 해조류에 따라서 얕은 바다에서 깊은 바다까지의 오염도를 알 수 있게 되는 것이다. 그러나 갈조류나 홍조류 중에서도 낮은 바다에서 채취할 수 있는 해조류도 있으며 특히 우리나라처럼 해조류를 해수면에서 양식하면서 그 구분이 모호해진 경우도 있다.

우리나라 사람들에게 식품으로 가장 친숙한 해조류는 '미역'과 '김'이 꼽힐 것이다. 미역은 한국인이라면 누구나 일 년에 서너 번 이상은 반드시 먹는 '미역국'으로 이용되는 해조류이다. 미역국은 특히 생일을 기념하여 누군가 한 그릇 끓여주지 않으면 괜스레 외롭고 헛헛한 마음이 드는, 한국인의 소울푸드 중 한 가지로 꼽힌다. 지금은 간편하게 바로바로 불려서 국을 끓이기도 하고 무쳐 먹을 수도 있도록 간편해졌지만 각 지역의 서식지 환경에 따라 그 맛과 질감이 조금씩 다르다. 현재 시중에 포장, 유통되는 건미역은 90%가 완도산 미역이다. 완도는 다도해 내해에 속해있어 파도가 거칠지 않아서 수하식 양식장으로 최고의 조건을 가지고 있어 생산량이 많을 수밖에 없다. 그러나 그렇게 평온한 바다에서 길러진 해조류는 매우 부드러워서 야생적인 맛이나 느낌이 없다. 그래서 아는 사람들 사이에서 미역의 최상품은 바로 부산의 기장미역을 최고로 친다. 현재 기장 앞바다에서도 수하식으로 양식하고 있지만 원래 조선 시대의 진상품이었던 기장미역은 돌미역이었던 것으로 알려져 있다. 파도가 거센 지역의 갯바위는 표면이 거칠고 그래서 해조류가 활착하는 것이 용이하고 대신에 파도에 휩쓸리지 않기 위해 뿌리의 활착력은 더 강해지고 줄기와 잎은 억세진다. 그래서 돌미역으로 국물을 우리면 뽀얗고 진한 국물맛을 낼 수 있는 것이다. 현재 기장미역도 수하식 양식 미역이지만 돌미역의 특성을 적잖이 가지고 있어서 기장미역으로 끓인 미역국은 미역의 씹히는 질감이 좋고 국물이 맛있는 것이다.

남해안의 먼바다에 있는 섬이나 제주도에서는 지금도 돌미역이 생산되는데 일반 미역에 비해 가격이 서너 배에 이른다. 특히 돌미역 중에는 넙(넓)미역, 곰보(곰피)미역, 메역쇠(미역새) 등 주름지거나 두껍고 넓은 미역, 줄기가 없는 미역 등 독특한 미역들이 소량 채취되고 있지만 워낙 대량생산, 유통되는 완도산 미역에 가려져서 잘 알려져 있지 않다.

곰피미역

    그리고 김은 최근 10여 년 사이에 전 세계 식품산업의 메가히트 상품으로 인정받을 만큼 유명세를 치르고 있는 우리 고유의 해조식품이다. 10여 년 전만 해도 서양에서는 김을 검은종이(Blackpaper)라고 부르며 일식집의 김초밥 재료로만 인식되었지만 2010년을 기점으로 바뀌며 현재 김의 인기는 상상을 초월할 정도이다. 미국 LA, 뉴욕의 초등학교에서는 조미김을 납품받아 아이들의 급식에도 이용되고 있으며 대형 유통체인이나 할인매장 등에서는 김을 '코리안 스낵'이라는 이름으로 데리야키맛 김, 아몬드맛 김, 고추냉이맛 김 등 열 가지 이상의 조미김이 진열, 판매되고 있을 정도이다. 실제로 2007년에 6천만 달러의 수출액을 보인 김이 2010년에는 1억 달러를 넘어서고 2017년에는 5억 달러 수출을 기록하기도 했다. 가히 없어서 못 파는 수준이 된 것이며 급기야는 '식품계의 반도체'라고 불리는 상황이다. 김은 미국을 비롯 유럽과 동남아시아, 남미 등 120여 개국에 수출되고 있어 한국 전통식품의 세계적 경쟁력을 증명해 보이고 있다. 국내에서도 김은 조미김을 중심으로 일상식탁의 필수 가공식품이 되었지만 이와 함께 김밥전문점과 편의점의 김밥 등이 늘어나면서 김밥용 김으로 활용되는 비중도 높아지고 있어 전체적으로 김의 소비는 증가일로에 있다.

이렇게 일반적으로 한국인들이 가장 많이 먹는 김과 미역 외에도 우리는 꽤 오래전부터 다양한 해조류를 먹어왔다. 특히 바닷가에 삶의 터전을 마련한 사람들은 당연한 선택이었을 것이다. 파래, 톳, 모자반, 꼬시래기, 천초, 매생이, 청각, 다시마, 가사리 등등 다양한데 이렇게 다양한 해조류를 우리 식탁에서 만날 수 있게 된 배경에는 바다와 함께 살아온 우리만의 고유한 여성집단이 있었기 때문이다. 그 집단이란 바로 '해녀(海女)'들이다.

1950년대의 해녀 모습 (출처 : 제주특별자치도)

한반도 남단의 섬 '제주(濟州)'에 뿌리를 두고 바다를 배경으로 억척같은 삶을 살아내야 했던 '줌녀(해녀를 지칭하는 제줏말)'들은 바다에서 필요한 것들을 얻어내는 방법을 수 대에 걸쳐 몸으로 익혔고 어린 시절부터 훈련받으며 살았다. 조선 시대 이전부터 그 탁월한 잠수 실력 덕택에 간혹 다른 지역으로 나가 물질을 하기도 했는데 이를 '출륙물질'이라 했다. 조선 인조임금 7년(1629년)에 '출륙금지령'이 내려져서 제주사람들은 일체 섬을 벗어나지 못하게 되었으나 이미 그 이전에 남해안의 섬이나 영호남지역으로 이전한 제주사람들이 많았고 그들은 '두모악(頭毛岳)', 또는 '도독야지'라고 불렸고 그들만의 독특한 생활양식을 구성하기도 했다. 그리고 조선이 망하고 일제강점기에 해녀들은 일본 상인들에 의해 서남해안의 섬들과 울릉도, 독도는 물론, 연해주와 일본까지 원정 물질을 해야 했다. '부산'은 그렇게 제주를 떠나온 제주 해녀들이 타지역으로 흩어지는 기점이 되는 곳이었고 그들이 고향 제주로 돌아가기 위해 모여든 집결지이기도 했다.

제주로 돌아가지 않은 해녀들은 타지로 흩어져 그곳에 자리 잡으며 그들의 생활방식을 대부분 유지하면서 그 지역의 문화를 접목해 나갔다. 그래서 지금도 서남해안의 섬지방에 가면 제주와 유사한 음식문화가 많이 엿보인다. 그렇게 고향으로 드나드는 기점이었던 부산에는 자연스럽게 그들만의 커뮤니티가 형성되어 한반도에서 가장 많은 해녀가 정착한 '뭍'이었고 그들은 '영도', '기장' 등을 중심으로 그들의 공동체를 유지하며 살아왔다. 해녀들이 생활의 터전으로 삼은 곳은 제주와 마찬가지로 바다였으며 '물질'은 그들의 생명을 이어가는 수단이었다.

그런 그들의 수입의 근원은 전복, 해삼, 소라, 문어 등 다양한 해산물들이었다. 하지만 그렇게 살아 움직이는 해산물들은 해녀들의 식탁에 쉽게 오르지는 못했다. 그것들은 돈이 되는 것들이라 팔아야 했기 때문이다. 그저 그 가운데 상처가 났거나 비려지거나 상태가 좋지 않아서 상품성이 떨어지는 것들을 조리해 먹을 뿐이었고 그 또한 자주 있는 일이 아니었다. 그래서 해녀들이 바다에서 찾아내서 의지했던 고마운 식재료는 바로 해조류였다. 전복 문어 등 다양한 복족류가 서식한다는 것은 그것들의 먹이인 해조류가 풍부하다는 의미이기도 했고 그만큼 흔한 바다의 식물들은 쉽게 고갈되지 않았기에 부담 없이 식용으로 선택할 수 있었다.

다양한 종류의 말린 해조류(가시리, 톳, 모자반, 우뭇가사리, 파래)

해녀들에게 선택된 가장 친숙한 해조류는 미역이나 김이 아니라 '파래'와 '톳'이었다. 미역은 잘 말려 팔 수 있었고 김도 그러했지만, 톳이나 파래는 일반 백성들에게는 그다지 친숙한 식재료도 아니었고 워낙 저렴하게 거래되는 터라 팔고 남은 것은 얼마든지 먹을 수 있었다. 그 가운데 남해안 해녀들이 가장 많이 이용한 해조류는 '톳'이었다. 톳은 제주 바다에서 가장 흔한 해조류였기 때문에 전통적으로 해녀들에게 가장 많이 애용되어 왔고 이는 육지에 정착한 해녀들도 마찬가지였다.

톳은 『동의보감(東醫寶鑑)』이나 『자산어보(玆山魚譜)』와 같은 고서적에도 기록되어 있는데 토의채(土衣菜), 녹미채(鹿尾菜)라고 한문으로 표기하고 있고 우리나라의 중부 이남에 비교적 널리 분포하고 있다. 톳은 타지방에서는 다 자라도 50~60cm 정도로 자라지만 제주 근해에서는 1m 이상 자라기 때문에 성장환경이 제주도가 가장 좋은 것으로 알려져 있다. 그러나 현재 제주에서의 생산량은 현저히 줄어 집계되지 않고 있으며 미역과 마찬가지로 완도에서 수하식 양식 톳이 대량생산되고 있으며 대부분 일본으로 수출되고 있다.

일반적으로 톳은 자연산은 보통 1월에서 3월까지의 찬 바다에서 채취하는 것이 상품이다. 창원, 거제 등 경남 해안 지방에서는 '톳나물'이

톳밥

라고 칭하고 전라도 서해안지역에서는 '따시래기' 혹은 '뚬배기'라고
부르는데 주로 생채 나물처럼 초무침을 해 먹는 조리법이 일반적일 만
큼 섭취방법이 비교적 단순하다. 그러나 해녀들은 보릿고개가 존재했
을 당시 '톳밥' 등을 지어 구황식품으로 이용하기도 했고 특히 말려서
저장해 두었다가 여름철에 '된장냉국'의 재료로 가장 많이 활용했고
채소와 곁들여 쌈 싸 먹을 때 고명으로 이용하기도 했다.

그러나 톳을 활용하는 해녀들의 조리법 가운데 가장 독특한 것은 무
쳐 먹는 방법이었다. 단순한 맛과 식감을 가진 톳에 다양한 양념을 이
용하여 변화를 꾀했다는 것인데 새콤하게 초양념으로 무치거나 두부
를 으깨 무쳐 먹는 영남지역의 방법 외에도 생된장을 이용해서 무쳐 먹
거나 멜젓(멸치젓)으로 무쳐 먹기도 했으며 잘 삭은 김치를 양념으로 무
쳐서 먹는 등 독특한 방법을 이용했다.

다양한 종류의 톳무침(톳김치무침, 톳젓국무침, 톳된장무침, 톳두부무침)

그리고 이러한 톳무침 조리법은 비슷한 성질을 가진 '모자반'에도
이용되었다. 모자반은 제주에서 '몸'이라 불리며 톳과 그 환경이나 생
태적 습성이 유사하고 이 또한 제주에서 많이 생산되었다. 남해안에서

도 비교적 고루 분포되어 있어 영남지역에서는 '몰'이라 부르며 톳 보다 오히려 더 많이 먹어온 해조류이다. 해녀들은 이 모자반으로 국을 끓여 먹기도 한다. 이는 제주의 전통적인 잔치 음식인 '몸국'이다. 돼지한 마리를 모두 삶아낸 육수에 모자반을 넣고 푹 끓여낸 음식인데 경상도 돼지국밥에 모자반을 넣고 끓인 음식이라 생각하면 이해가 될 것이다. 해조류와 육고기를 함께 조리하여 국을 끓이는 경우는 '소고기미역국' 밖에 없다고 생각하기 쉬우나 돼지고기와 모자반을 이용한 국이저 남쪽의 섬, 제주에 있다는 것이다.

몸국

미역, 김, 톳과 모자반 외에 전통적으로 우리가 먹어온 음식이지만 언뜻 기억해 내지 못하는 해조류 음식이 있다. 바로 '우무'이다. 표준어로는 '우무묵'이라 표기하고 있는데 이는 우뭇가사리를 이용하는 대표적인 해조류 음식이다. 특히 과거 여름 밥상에서 한두 번은 우무냉국을 만났으나 최근에는 워낙 많은 다양한 먹거리에 가려져서 젊은이들은 아예 모르는 음식이 되어 버렸다.

우무는 해초인 우뭇가사리를 채취하여 볕에 말린 후 건조된 우뭇가사리에 물을 부어 끓인 후 식히면 굳으면서 묵처럼 변하는 전통식품이다. 『세종실록지리지』에 '우무'는 '여름철이면 궁중의 임금님께 진상을 했던 남해안 특산물'이었다고 기록되어 있다. 또한 '허균'이 전국의 유명 음식을 기록해 놓은 『도문대작(屠門大嚼)』에는 '해초 가운데 우모(牛毛)라는 것이 있는데 열을 가하면 녹기 때문에 그 성질을 이용해 묵으로 만든다'고 했다.

그렇게 우무는 오래전부터 먹어온 음식인데 일제강점기를 기점으로 중부지방에서는 거의 사라져 버린 적도 있었다. 일제 치하의 문인으로 활동했던 '최영년'이라는 사람이 지은 『해동죽지(海東竹枝)』라는 책에는 우무를 소개해 놓고 "여름철 별미였던 우무가 어떤 연유인지 요즘은 경성에서 볼 수 없다"며 안타까워했는데 그 이유를 우무는 만들기도 힘들고 맛에서도 도토리묵이나 메밀묵에 밀려 시장에서 사라졌던 것으로 생각하는 사람들이 많았다. 그러나 실상은 우무의 원료인 우뭇가사리를 일본에서 모두 공출해 갔기 때문이라고 보아야 타당할 것이다. 전통적으로 일본은 한천을 이용하여 다양한 가공식품을 만들었는데 특히 한천이 많이 사용되는 '양갱'은 전투 식량으로 이용했기 때문에 자국의 생산량으로는 부족할 수밖에 없었으며 현재도 전 세계 한천 생산량의 80%를 일본에서 소비하고 있을 정도로 한천 소비가 많은 나라이다. 그런 일본이 식민지에서 생산되는 한천의 원료를 그대로 놓아 둘리 있겠는가? 급기야는 조석의 온도 차가 심한 경남 '밀양'에 한천 가공장을 만들어 직접 한천을 만들어 자국으로 가져갔는데 그 이후 우리나라의 한천은 대부분 밀양에서 생산되었으나 현재는 '양산'에 가공공장이 있어 전국 생산량의 80% 이상을 생산하고 있다.

한천(寒天)이라는 단어의 유래부터가 일본에서 비롯됐다고 하는데, 추운 겨울날 우무를 집 밖 햇볕에 내놓고 말리다가 우연히 동결 건조된 우무를 얻게 되어 한천이라는 이름이 생기게 됐다고 일본어 유래사전에 기록되어 있다. 일본은 한천 소비량에서도 세계 1위이지만 생산량도 세계 1위의 국가이다. 그만큼 일본은 한천에 열광하는 나라인데 우리나라의 경우 10여 년 전의 통계자료를 보면 생산량 세계 4위를 유지하고 있었다. 그러나 그 생산량의 대부분은 제주에서 생산되며 남해안에서도 생산된다.

우무묵을 먹는 방법은 콩국물에 우미를 썰어 넣고 콩국수를 대신하기도 하고 콩가루를 풀지 않고 오이냉국에 오이를 조금 덜어내고 우미를 넣어서 먹는 방법도 많이 통용된다. 그렇게 단순한 냉국이지만 여름철, 사람들의 입맛을 돋우어 주는 데는 최고의 음식이었다. 그래서 해녀들은 잘 말린 우뭇가사리를 막개로 두들겨서 물 적신 후 여름볕에 널어 말리기를 수차례 반복하고 짙은 갈색이 투명해지면 솥에 넣고 삶아 그 국물을 받아내어 굳히는, 여러 날에 걸친 힘든 작업을 물질에 지친 몸으로도 해를 거르지 않고 해왔던 것이다. 가족들의 여름 밥상에 행복을 차려내기 위해서 말이다.

우무냉국

　이렇게 해녀들이 이용한 해조류 음식들은 한반도 내륙에서는 쉽게 찾아볼 수 없는 것들이 많았다. 그러나, 부산에서는 좀 더 특별한 해조류 음식들이 더 많이 나타난다. 특히 영도보다는 기장 지역을 중심으로 독특한 해조류 음식이 많이 보인다. 이는 영도의 갯바위와 기장의 해안 갯바위의 생태구조가 다르다는 의미이기도 하다.

　기장에는 울산과 포항 앞바다까지 이어지는, 소위 '왕돌잠'으로 연결되는 해저 암반이 형성되어있어 다양한 해조류 군락이 형성되어있다. 그래서 전국 어느 지역에서도 찾아보기 힘든 다양성을 보여준다. 특히 기장지역의 해조류는 홍조류가 많이 보이는데 이는 다른 지역에 비해 비교적 깊은 바다에서 채취한다는 의미이고 해조류를 다양하게 취식했음을 의미한다. 실제로 기장의 재래시장에는 전국에서 가장 다양한 해조류를 판매하고 있음을 확인할 수 있다.

현재 우리나라에서 해조류 시장을 장악하고 있는 곳은 사실상 완도임을 부인할 수 없다. 완도군은 해마다 해조류 축제를 진행해 왔으며 2014년부터는 국제전문박람회로 인증받은 국제해조류박람회를 개최하고 있을 만큼 해조류 특화 지역이다. 그런데 그 지역의 해조류 판매 현황을 보면 미역, 김, 다시마 등 온 국민이 알고 있는 일반적인 건조 상품이 주를 이루고 있다. 그에 반해 기장의 해조류는 미역을 제외한 대부분의 해조류가 바다에서 건져 올린 상태의 생해조류가 주를 이루고 있으며 그 다양성은 놀라울 지경에 이른다. 그리고 그것들을 늘어놓고 판매하고 있는 '할매'들이 일러주는 요리법 또한 독특함에 혀를 내두를만 하다.

우선 눈에 띄는 것들은 '까막살', '진두발', '서실', '가사리' 등이다. 이 해조류들은 사실상 남해안의 섬들에서 고루 보이는 바닷말들이다. 서남해안의 섬들에서는 이것들을 식용으로 이용하는 것을 확인할 수 있는데 나물처럼 무쳐 먹는 것이 대부분이다. 그러나 뭍으로 나오면 일반적으로 식용으로 이용하는 사례들을 발견하기 힘들다. 하지만 이곳 기장은 섬이 아님에도 불구하고 이렇게 다양한 해조류를 다양한 방법으로 밥상에 올려놓는다는 것이 독특한 문화가 아닐 수 없다. 예를 들어 이곳 사람들이 '까막바리'라 부르는 까막살은 '붉은뼈까막살', '주름까막살', '가지까막살' 등 여러 종류가 있는데 사실상 식용이 어려울 정도로 질긴 해조류이다. 하지만 기장의 까막살은 줄기 자체가 넓게 형성되어있고 꼬들거리며 씹히는 식감이 좋다. 우리 선조들은 다양한 종류의 식물 중에서 사람이 먹기 좋은 것들에는 '참'이라는 접두어를 붙였듯이 '참까막살'이라 부른다. 특이하게도 다른 지역에서는 찾아보기 힘든 조리법인 '까막살 털털이'를 만들어 먹는다. '쑥버무리' 하듯이 밀가루를 묻혀서 쪄내는 단순한 요리법이지만 기장만의 특화된 조리법이다. 얼핏 쑥버무리의 영향을 받았으리라 싶은데 필자는 생각을 달리한다. 해녀들은 오래전부터 해조류에 곡식가루를 섞어 '범벅'을 만들어 먹었는데 이는 구황음식으로 오래 전래된 방식이다. 톳을 가장 많이 이용했으나 기장에서는 톳과 식감이 비슷한 까막살이나 진두발을 이용한 것이라 추정된다.

이 밖에도 '가사리'는 '까시리'라 불렸는데 워낙 그 종류도 많지만 워낙 거칠어서 생으로 먹지는 않는다. 대표적으로 '우뭇가사리'를 끓여서 그 국물을 굳혀서 묵으로 먹는 방법이 많이 알려져 있고 그 밖의 가사리는 걸쭉하게 끓여서 풀 대신 사용하기도 하였다. 그러나 기장의 가사리는 '서모까시리'라 부르는 '세모(細毛)가사리'인데 이는 품종이 아니고 그 모양새를 뜻하는 이름으로 말 그대로 '가는 털' 모양을 뜻하며 이는 여리다는 뜻이기도 하다. 품종으로는 '풀가사리'인데 이 역시 먹을 수 있기에 '참풀가사리'라 부른다. 원래 가사리는 봄까지 두면 질겨져서 먹을 수 없는데 기장에서는 억세지기 전인 정월 무렵에 채취한다. 그러니 결국 우리가 새싹 나물을 먹듯이 여린 해조류를 먹는 것이다. 까시리로는 된장국을 끓여 먹기도 하고 떡국에 넣어 먹기도 한다. 이 또한 기장만의 방식이다.

이처럼 다양한 해조류가 있어 다양한 음식을 만들어 낸 곳이 바로 기장이라 하겠다. 다만 미역처럼 대량 생산되지는 않기에 기장 내에서만 밥에 넣어 먹고, 국에 넣어 끓여내고, 생으로 무쳐서 설치로, 데쳐서 나물로 무쳐 담아내고, 털털이로 쪄내고, 그렇게 기장만의 밥상을 차릴 수 있었던 것이다. 기장의 매력을 멸치와 미역으로만 한정하기에는 기장의 바다가 섭섭하지 않을까 싶다.

 대부분의 해조류는 칼슘, 요오드, 철 등의 무기염류가 많이 포함되어 있어 혈관경화를 막아 주고 장기적으로 상시 섭취하면 치아가 건강해지며 머리털이 윤택해지고 섬유질을 포함하고 있다. 해조류는 변비에도 좋으며 특유의 점액질(알긴산)이 창자의 소화 운동을 높여 주는 등 여러 가지 건강에 이로운 점이 있다는 정도로 알려져 있는데 이는 기본적인 수준이다.

 최근 해조류가 서양의 영양학자들에게 건강식품으로 각광 받는 이유는 낮은 칼로리 때문이다. 해조류 그 자체는 칼로리 제로인 식품이기 때문에 영양과다 시대를 살고 있는 여성들의 미용식 혹은 다이어트식으로 최고의 음식임이 입증되었다. 해조류는 흡습 능력이 탁월해서 분말로 섭취하면 체내에 들어가서 수분을 흡수해서 불어나기 때문에 포만감을 충분히 느낄 수 있는 음식이고 그와 함께 장을 청소해주는 능력이 탁월해서 건강기능식품이나 보조식품으로 많이 활용하고 있다. 또한 최근에는 유럽이나 미주의 유명 요리학교들도 해조류를 이용한 샐러드나 소스를 개발해서 국제 요리대회 등에서 출품하는 게 유행처럼 번지고 있다.

 더군다나 환경 문제가 심각한 요즘 전 세계가 우리나라의 해조류 양식장을 바다를 정화하면서 먹을거리를 얻어내는 친환경 식품산업의 본보기로 주목하고 있다는 점은 우리 스스로를 놀랍게 하는 일이 아닐 수 없다. 의도하지 않았지만 서남해안을 뒤덮고 있는 그 많은 수하식 해조류 양식장들이 탄소를 희석하고 바다 환경을 살리고 있다는 사실을 서양 석학들의 시각으로 발견하게 된 것이다. 즉, 해조류를 생산하고 먹는 행위 자체가 지구를 살리고 우리 자신을 살리는 미래지향 산업이라는 것이다. 우리가 외래 음식문화에 점점 더 깊이 빠져들기 전에 우리의 고유한 음식문화의 가치를 먼저 알고 지켜내야 할 필요성을 바다의 식물들이 알려주고 있다.

김미주 ┃ 기자

레저 기사를 쓰는 2년간 엥겔지수가 높아졌다.
월급은 귀여워도 가심비 넘치는 음식을 고르려고 노력한다.
아직 종종 실패해서 문제지만.
사명감까진 아니어도 음식으로 자신과 독자의 일상이
조금은 풍요로워졌으면 한다.

마을 사람들만 숨어서 먹는 게 맛
– 청게, 방게, 밀기

김미주

한여름 부산에서 꼭 먹어야 할 음식으로 '게'를 꼽는다면 부산에서 나고 자란 사람조차 의아해할지 모르겠다. 지금부터 이야기하는 '부산 청게', '기장 방게', '을숙도 밀기'는 부산사람에게도 다소 생소한 키워드다. 하지만 이들 '게 맛'을 아는 지역 사람 사이에서는 일 년을 기다려 한 철만 맛보는 인기 식자재로 통한다.

이들이 부산 고유의 향토 음식으로 자리 잡은 이유는 모두 제각각이다. 부산 청게는 어민들의 요청으로 부산시 수산자원연구소에서 인공종묘를 생산해 방류, 지역 특산물 브랜드로 육성하고 있다. 반면 기장 방게는 어부들의 그물에 딸려온 작은 연분홍 게로, 잡히는 양이 많지 않지만 알찬 맛으로 마니아층이 특히 두터운 편이다. 마지막으로 을숙도 밀기는 보릿고개 시절 지역민들의 '밥도둑'으로 군림했지만 최근 개체 수가 급감한 데다 찾는 사람이 줄어 만나기 힘들어지고 있다.

세 종류의 게는 이르면 주로 매년 5월부터 9월 사이 잡힌다. 여름철에만 맛볼 수 있다는 공통점이 있지만 각각의 생김새와 맛은 모두 다르다.

맛에도 계획이 있다 – '부산 청게'

    무더위가 기승을 부리던 8월의 어느 날, 새벽 4시 30분에 부경신협 수산물위판장을 찾았다. 아직 해가 뜨지 않은 깜깜한 새벽, 이곳은 당일 어부들이 잡은 신선한 수산물에 값을 매겨 거래하는 경매가 한창이었다. 밖과 달리 환한 대낮 같았다. 어류들은 자신의 경매 차례가 되면 물 없는 바닥에서 수초 간 펄떡이며 생명력을 자랑했고, 그동안 제 값은 결정됐다.

부산 청게

    경매가 시작된 지 30분쯤 지났을까. 한눈에 봐도 온몸에 단단한 갑옷을 두르고 키다란 집게발을 검처럼 휘저으며 바닥을 호령하는 청게 무리가 등장했다. 몸집은 크고 움직임은 단단하면서 위풍당당했다. 큰 청게는 집게발을 펼치면 가로 20㎝는 족히 되어 보였다. 집게발 하나로 바구니에 매달려 버티는 모습을 보니 '악력'도 보통이 아니리라 짐작됐다. 수십 년간 청게를 잡아 온 한 어부가 "청게는 한여름이 제철이다"라고 알려줬다.

집게발로 위판장을 '호령'하는 청게.

청게의 정식 명칭은 톱날꽃게(S. paramamosain)다. 갑각에 톱날처럼 울퉁불퉁한 9개 정도의 돌기가 날카롭게 달렸다. 온몸이 푸르스름한 초록빛과 갈색이 함께 비춰 청게, 누런 뻘물에 산다고 '똥게'라고도 불린다. 싱가포르 등에서는 머드크랩으로 요리되는 별미 중 하나다.

청게는 주로 낙동강 하구에서 상업적으로 어획된다. 경남 하동과 전남 신안에서도 소수 잡힌다. 청게가 부산에 자리 잡아 개체 수를 불린 데에는 부산시 수산자원연구소(소장 김성우)의 '방류'가 한몫했다. 연구소는 2010년 국내 최초로 청게의 인공종묘생산에 성공, 낙동강 하구에 첫 방류했다. 이후부터 연구를 거듭하며 2010년부터 지난해까지 1000만 마리가 넘는 청게를 바다에 방류했다. 연구소 김태진 연구사는 "매년 생산기술에 수정을 거듭하며 청게의 개체 수를 안정적으로 늘릴 수 있는 방법을 연구하고 있다"라고 설명했다.

김 연구사에 따르면 청게는 잡식성이고 특히 생굴을 가장 좋아한다. 또 초기 연구가 어민들의 요청에서 비롯된 만큼 어민들이 자체 금어기

(10월 말~3월)를 정해 청게의 개체 수 보존에도 힘을 보태고 있다.

청게 위판을 관리하는 부경신항신협에 따르면 청게의 위판량(위판액)은 2020년 19 t (3억 3200만 원), 2021년 18 t (3억 5300만 원)이다. 안정적인 개체 수 증가와 고급스러운 맛을 무기로 부산 청게는 2016년 특허청으로부터 상표권을 취득해 지역 특산물로 육성 및 관리되고 있다. 계획적으로 육성된 고급 식자재인 셈이다.

큰 청게는 몸길이가 20㎝가 넘고 무게도 한 마리에 1㎏이 넘는데 일반 대게와 크기를 비교해도 밀리지 않아서 국내에서는 대형 게로 분류된다. 주로 5월부터 9월까지 잘 잡히는데 9월 전까지는 수컷이, 이후에는 산란을 앞둔 암컷이 많이 잡힌다. 알을 품은 어미 게가 맛은 더 좋다. 이 때문에 청게 맛을 제대로 알고 싶다면 8월 말에서 9월을 노려야 한다.

다만 올해 청게는 초반 어획량이 지난해에 비해 대폭 줄었다. 이유는 파래의 이상 번식과도 관련 있다. 부산 강서구 신호항 인근에서 청게를 잡는 어부는 "수온이 높아져 파래가 많이 자랐고, 그 파래들이 그물에 잔뜩 끼는 바람에 청게 잡기가 힘들어졌다"라고 설명했다.

청게는 담백하고 은은한 맛을 자랑한다. 보통 ㎏당 4만 5000원 선에서 거래되며, 어획량이 많을 때는 ㎏당 3만 5000원 선에 구매할 수도 있다. 대게나 킹크랩 못지않게 육질이 쫀득하고 살집이 많다. 한여름 부경신협수산물위판장 바로 옆 진해 용원시장을 찾으면 청게를 심심치 않게 볼 수 있다.

대형 게인 만큼 살도 많아 2명 기준 3㎏(3~5마리)이면 배불리 먹을 수 있다. 가장 많이 먹는 방식은 역시 청게찜. 세척한 청게를 압력솥에서

청게찜 요리

15분, 일반 냄비로는 25분 정도 삶아 먹는다. 푸르스름했던 갑각은 높은 열과 만나 분홍색으로 변한다. 폭이 5㎝는 족히 되는 집게살에 게살이 많으면 제대로 된 청게를 고른 것이다. 연한 고기를 씹는 듯 쫀득해 씹을수록 은은한 맛이 우러난다. 연분홍 게딱지에 붙은 고소한 내장도 놓쳐서는 안 될 별미다. 남은 청게는 된장국이나 라면에 넣고 끓이면 고소함을 늘려 준다.

그물에 딸려온 달큰한 맛 – '기장 방게'

기장 방게는 정확한 시기를 알 수 없는 아주 오래전부터 기장 앞바다 깊은 뻘에 살았다. 동해와 남해가 만나는 기장 앞바다는 한류와 난류가 교차되는 장소로 다양한 생물이 산다. 그중에서도 눈길을 끄는 게 바로 기장 방게. 해운대구 기장 중에서도 문중·칠암마을에서 주로 잡히는 기장 방게는 이 지역 사람들에게는 어려서부터 접한 익숙한 음식이다. 물리지 않고 많이 먹을 수 있어 일 년에 한 달, 여름 제철을 기다렸다가 기장시장을 찾아오는 사람이 있을 정도로 마니아층이 두텁다.

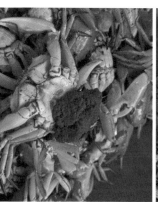

기장 방게

연한 분홍색에 가로 10㎝가 채 안 되는 작은 몸집의 기장 방게는 7~8월 산란기를 맞은 암컷 방게를 주로 먹는다. 이 시기 암컷 방게의 작은 몸에는 붉은 알이 가득하다.

기장 방게는 집게발 모양으로 암수를 구분할 수 있다. 작은 몸집에 요밀조밀 집게발이 달린 게 암컷이고, 몸에 비해 얇고 기다란 집게발이 있으면 수컷이다. 방게가 제철인 한여름 통발에 잡히는 건 대부분 암컷이다.

방게만을 따로 잡는 사람은 거의 없고, 다른 생물을 잡기 위해 던진 통발에 방게가 딸려오는 경우가 대부분이다. 그래서 따로 위판량 등이 기록되지 않는다. 통발 등에 딸려온 다른 작은 게를 '방게'로 통칭하는 경우도 흔하고 어획량이 많지 않기 때문에 기장 방게의 역사를 정확히 되짚기는 어렵다. 다만 기장 사람들의 오래된 기억에서 꾸준히 지역 식자재로 회자된다.

기장시장에서 오랜 시간 방게를 선보인 한 어부는 문어나 낙지를 미끼로 넣고 10시간 이상 뻘에 통발을 던져 방게를 잡는다.

어부는 해를 거듭할수록 방게가 잡히는 양이 줄어듦을 느낀다 했다. 어부는 "다른 물고기도 그렇고, 방게 역시 조금씩 줄어드는 게 느껴진다. 이 때문에 가격이 과거에 비해선 조금 올랐는데, 그래도 여름마다 꾸준히 기장 방게를 찾는 사람은 게의치 않는다." 라고 말했다.

어부의 빨간 고무대야 안에 연분홍 방게 200여 마리가 옹기종기 모인 모양이 꼭 꽃게의 미니어처럼 앙증맞다. 이날 방게 가격은 30~40마리에 1만 원. 1만 원어치만 사도 두세 명은 배불리 먹을 수 있는 양이니 가성비가 무척 좋다.

어부가 즉석에서 암컷 방게 한 마리를 들어 갑각을 뜯어내자 선명하고 붉은 알이 꽃처럼 모습을 드러냈다. "방게 맛은 이게 핵심"이라 어부는 자신 있게 말했다. 기장 방게가 사랑받는 이유는 바로 이 내장과 알의 풍미에 있다.

기장 방게찜

기장 방게 라면

방게 역시 주로 찜 라면 게장 등으로 요리해 먹을 수 있다. 크기가 작고 갑각이 연해 튀겨서 통째로 먹어도 큰 부담이 없다. 그러나 뭐니 뭐니 해도 알을 품은 방게의 백미는 찜 요리에서 진가를 드러낸다. 솥에 넣고 20분 정도 삶으면 먹을 준비는 끝난다. 작은 몸집의 방게 다리에서 풍족한 게살을 기대하기는 힘들다. 그 대신 내장과 알의 맛이 매우 알차므로 방게를 먹을 때는 숟가락을 준비하자. 게딱지를 벗겨 숟가락으로 알과 내장을 푹 떠서 입 안에 넣으면 기장 방게의 매력이 즉시 퍼진다.

녹진한 내장의 고소한 풍미와 탱글탱글한 알의 달큰한 식감이 사뭇 새롭다. 쉽게 물리는 일반 게 맛과 다른 중독성을 느낄 수 있다. 어려서부터 방게를 즐겨 먹었다는 기장의 한 주민은 "여름철마다 생각나는 음식 중 하나"라며 "맛볼 수 있는 시기가 짧아 깜빡 놓치면 1년을 기다려야 한다."라고 강조했다.

기장 주민들은 남은 방게는 삶아서 냉동실에 넣어뒀다가 라면 먹을 때 한두 마리 꺼내 육수용으로 끓여 먹는다. 끓일 때는 냄비 뚜껑을 꼭 닫아 냄새가 퍼지는 걸 막고, 라면 스프는 반만 넣어야 방게라면의 고소한 맛을 온전히 즐길 수 있다고 추천한다. 찜으로 먹을 땐 즐기기 힘든 다릿살의 고소함도 국물에 우러나니 버릴 게 없는 셈이다.

뜨겁게 끓인 간장에 방게를 넣고 2~3일 숙성 후 간장게장으로 먹어도 좋다. 그래도 방게가 남는다면 삶아서 냉동실에 넣어둬야 한다. 삶지 않고 냉동실에 얼리면 알이 녹아 없어지기 때문이란다.

짭짤한 밥도둑의 추억 – '을숙도 밀기'

낙동강 을숙도에서 주로 서식하는 '밀기'는 어쩌면 곧 사라질 추억의 음식이 될지 모를 기로에 섰다. 수십 년 전에는 집마다 '밀기젓갈'을 만들어 일이 년을 먹었을 정도로 해당 지역에서 알아주던 '밥도둑'이었지만, 요즘은 개체 수가 줄어든 데다 밀기젓갈을 찾는 사람도 적어 만나기가 무척 어려워진 탓이다.

가로 5㎝도 채 안 되는 청록색 작은 몸집의 밀기는 '방게'로 부르는 게 더 정확할 수 있다. 다만 이들의 서식지인 갈대숲에서 잘 잡혀 을숙

을숙도 밀기

도 사람들은 오래전부터 '밀기'라고 불렀다. 갈대 순을 먹고 자라는 밀기에게 깜깜한 여름밤 갈대숲은 천국과 같다. 개체 수가 많았을 때는 밤에 횃불을 갈대숲에 비추면 불을 피해 번지는 밀기 무리를 심심찮게 볼 수 있었다고 한다.

명지에서 나고 자란 50대 김천열 씨는 어렸을 때부터 아버지가 밀기 잡는 모습을 종종 봤다고 회상했다. 그의 부모님은 당시 밀기 수백 마리를 염장한 밀기 젓갈을 만들어 판매했는데, 당시 밀기젓갈 한 종지에 보리 두세 가마를 받았다고. 집마다 비상식량처럼 밀기젓갈을 쟁여둘 정도로 인기 반찬이었다. 짭짤한 밀기젓갈 한 마리면 밥 한 그릇을 거뜬히 헤치웠다.

그런데 요즘 밀기를 만나는 건 하늘의 별 따기다. 우선 개체 수가 급격히 줄어 잡는 사람이 덩달아 줄어든 게 가장 큰 이유다. 김 씨에 따르면 최근 밀기잡이로 명맥을 유지하던 두세 명 중 한 명이 밀기잡기를 아예 그만뒀다. 게다가 참게 돌박게 등 밀기와 비슷한 생김새인 게가 많아 '외지인'은 시장에서 어쩌다 밀기를 마주치더라도 한눈에 알아보지 못하고 지나치기 일쑤여서 주목받기 힘들어졌다.

또 밀기는 여름철 산란기에 반짝 잡히고 마는 탓에 이때를 놓쳐 버리면 잡을 수 없어 밀기젓갈을 만들어 먹는 일도 드물게 됐다. 그러니 자연스레 밀기젓갈을 즐기는 사람도 줄었다. 밀기젓갈은 항아리에 밀기를 넣고 소금을 덮어 일주일간 절여 완성된다. 염장이 제대로 되려면 한 달 정도는 여유롭게 기다려야 한다. 이후 먹을 만큼 소량 꺼내 취향에 따라 고춧가루 청양고추 등을 넣어 먹는다. 이런 식으로 한 번 담근 밀기젓갈은 2년 정도는 먹을 수 있는 훌륭한 저장식품이었다.

완성된 밀기젓갈은 간장게장보다 맛이 훨씬 진하고 짭짤한데 바로 그 감칠맛이 '밥도둑' 밀기젓갈의 매력이다. 꽃게장이 다소 단맛을 낸다면 밀기젓갈은 짠맛과 특유의 비린맛이 강하다. 이 강한 맛이 부담스러운 사람은 밀기를 먹을 때 젓갈보다는 삶아 먹는 쪽을 택한다. 밀기를 삶으면 일반 꽃게와 비슷한 맛을 내기 때문에 맛이 익숙해서다. 하지만 을숙도 사람들이 꼽는 밀기의 참맛은 밀기젓갈로 만들어 먹을 때 느낄 수 있는 진득한 맛에 있다.

밀기젓갈은 짭짤한 맛이 강하니 한 끼에 소량 섭취하는 편이다. 한 밀기젓갈 마니아에 따르면 밥 한 숟갈에 밀기 다리 하나 정도가 알맞다. 갑각이 두껍지 않아 입에 넣고 오도독 씹는 맛도 별미다.

전통시장에서 가끔 밀기를 마주한 사람들은 그때를 놓치지 않고 밀기를 구매한다. 오일장에서 때를 잘 맞춰 어쩌다 밀기를 마주치면 고향 친구를 만난 듯 반가운 마음마저 든다고. 아는 사람만 찾을 수 있고, 또 즐길 수 있는 특별한 감정이다.

나여경 ▌ 소설가

색깔 있는 사람을 좋아하는 소설가이다. 그런 사람이 많은 곳에 살고 있다는 생각이 든다. 때마침 사람 만나기 좋은 계절이다.

생선회, 이런 방법으로 먹어 봤수?
- 전어넙데기회, 꼬시래기회쌈

나여경

'온 섬의 울음'에 육박하는 '온몸의 느낌'으로

부산 강서구 명지 사람들의 회 먹는 방법은 화끈하다. 전어넙데기회와 꼬시래기회쌈 섭취 방법에서 그 화끈함이 드러나는데 전어넙데기회는 넓적넓적 큼지막하게 썰어 먹는 방식이고, 꼬시래기회쌈은 꼬시래기를 쌈처럼 펼친 후 그 위에 밥과 양념을 올려 먹는 방식이다. 한마디로 가늘고 얇게 썰어 야금야금 먹는 게 아니라 입안 가득 볼이 터지게 먹는 것이다.

'명지(鳴旨)' 지명은 울음소리를 내는 곳이라는 뜻이다. 온 섬이 무성한 갈대밭이었을 때 사나운 바닷바람이 불면 우레 같은 혹은 북소리 같은 울음소리를 냈다고 『신증동국여지승람』은 전한다. '온 섬의 울음'에 육박하는 '온몸의 느낌'으로 먹는 전어넙데기회와 꼬시래기회쌈이 명지 식인 것이다.

이런 방식의 화끈한 회 섭취방법은 그들의 삶에 근거한 것이다.

"정신없이 뱃일하다 보면 배가 고프잖아요. 배에는 항상 고추장과 된장이 필수품으로 갖춰져 있었지요. 잡혀 올라온 전어나 꼬시래기를 즉석에서 제일 간단한 방법으로 먹었던 것이 전어넙데기회요, 꼬시래 기회쌈입니다. 그때는 이런 그럴싸한 용어도 없었어요. 뱃일하면서 그냥 허기를 달래기 위해 가장 간편한 방법으로 먹었던 거지요."

명지식 전어 한 상

천동식(64세) 명지시장 상인회장의 말이다.

명지식의 회 섭취방법은 뱃일하는 배 위에서 비롯됐다. 뱃일은 물을 생업 터전으로 삼은 이들의 고단한 삶이 펼쳐지는 현장이다. 상황이 이렇다 보니 초고추장이라든지, 고추냉이(와사비)와 간장 같은 회 전용 양념이 없었다. 집에서 가져다 놓은 고추장이나 된장이 전부였다. 가장 간단하고 쉽게 끼니를 해결할 수밖에 없었다. 이처럼 명지 사람들의 화끈한 회 먹기 방식은 그들의 삶에서 저절로 우러나온 것이다.

상전벽해 변화 치른 명지

　명지에는 "야, 니 몇 기(期)고?"하는 말이 있다. 토박이 명지 사람들은 모두 명지초등학교 출신이기 때문에 그 한마디로 통한다. 할아버지에서 손자까지 동문인 경우도 흔하다. 명지초등학교는 1909년에 개교한, 부산에서 몇 번째 역사를 자랑하는 학교다. 기미년에는 그 학생들이 명지면 3·1운동도 주동했다.[1] 천 회장은 "우리가 명지초등학교를 다닐 때는 한 학년에 1,600명이나 다녔다"고 했다. '전어넙데기회'와 '꼬시래기회쌈'은 "야, 니 몇 기고?"로 통하는 명지 토박이들의 기록되지 않은 명지식 삶의 언어다.

　명지는 상전벽해의 땅이다. 명지 사람들은 굽이굽이 520km의 낙동강 장강이 마침내 바다로 변하는 곳에서, 그 바다마저 몇 차례 변화의 몸살을 치르는 것을 지켜본 이들이다. 명지 갈대밭에 사람이 살기 시작한 것은 400~500년 전으로 전해진다. 바닷물이 드나드는 갯골 사이 저습지는 '명지 소금'을 생산하는 '명지 염전'으로 개간됐다. 다산 정약용이 "나라 안에서 제일 큰 이득을 낸다"고 했던 염전들이다. 그 염전들은 일제강점기 제방과 방조제가 들어선 뒤 차차 줄어들다가 1960년대에 전국적 명성을 떨치기 시작한 '명지 대파밭'으로 완전히 변했으며, 이제는 그 파밭마저 국제 신도시로 전혀 다르게 변모하고 있다. 벼농사를 주로 짓던 북쪽 명지는 에코델타시티에 편입돼 변화 중이다.

　명지 토박이 장성명(65세) 씨는 "우리가 어릴 때 동네 집들은 전부 다

---

1) 출처 : 부산역사문화대전

갈대 지붕이었다"라며 "초가집 비슷했으나 명지에는 센 바람이 많이 부니까 갈대 지붕의 경사는 일반 초가지붕보다 더 가팔랐다."라고 했다. 1976년 김해국제공항이 들어서면서 후진국 인상을 심어줄 수 있다 해서 그 갈대 지붕은 슬레이트 지붕으로 교체됐다. 1973~1976년 2,500여 채의 갈대 지붕이 없어졌다.[2] 명지는 거센 바람처럼 몰아치는 상전벽해의 변화를 '그까짓 것' 하며 화끈하게 치러냈다. '한다면 하는 부산사람들'의 기질을 명지식으로 연마해온 것이다. 그래서 한 번 먹자고 하면 화끈하고 투박하게 먹어버리는 것이다.

전어넙데기회

전어넙데기회를 두고 명지에서는 통상 '삐져 먹는다'라고 한다. '삐진다'는 것은 '비스듬하게 썰어 먹는다'라는 명지, 부산말이다. '삐져 먹는' 크기, 즉 넙데기의 크기는 정해진 공식이 없다. 아예 활 전어를 비늘치고 한 마리 통째 그대로 먹어버리는 이도 있다. 이를테면 '전어 통마리회'인 것이다. '넙데기'는 전어를 넓적하게 써는 것, 혹은 썰어놓은 것으로, 전어 한 마리를 세 동강, 네 동강, 많게는 일고여덟 동강, 그 이상으로도 낼 수 있다. 외지 사람들이 소문을 듣고 와서 "전어 삐져주세요"라고 주문하기도 하는데 요즘에는 대략 열 동강 안팎으로 전어넙

---

2) 허민석(2016), 「낙동강 삼각주의 경관변화에 관한 연구-명지동을 사례로」, 26~27쪽, 부산대 석사 논문.

데기회를 내는 경우가 많다. 이를테면 크기를 작게 한 삐진 회의 본보기인 셈이다.

전어넙데기회

명지식으로 집된장에 참기름을 뿌린 양념과 함께 넙데기회를 먹으면 전어의 고소한 육질이 입속에서 터진다. 갖은 양념이 섞이지 않은 전어 본연의 맛을 느낄 수 있다. 명지 사람들과 식객들이 가을에 왜 전어 병이 도지는지 알 수 있는 맛이다. 무엇보다 포만감을 주는 식감이 일품이다.

전어회를 먹는 방식은 뼈째썰기(일명 세꼬시)와 뼈를 걷어낸 포 썰기(일명 국수썰기)가 있다. 명지에서는 어느 방식으로 해도 쌈 위에 회를 듬뿍 얹어 풍미를 한껏 느끼라고 권한다. 입이 터져나갈 듯 많이 싸서 먹는 것이 명지에서 전어를 먹는 방법이라는 것이다.

꼬시래기회쌈

꼬시래기는 부산말이다. 명지에서는 '꼬시락'으로 부르기도 한다. 정식 이름은 '문절망둑'이다. 전라도에서는 동네 꼬마 이름 부르듯 '문절이'라고 칭한다.

꼬시래기회쌈

'꼬시다'는 '고소하다'라는 부산말인데 맛이 고소해서 아예 '꼬시래기'라고 부른다. '꼬시래기 제 살 뜯는다'라는 말이 있다. 그 말은 꼬시래기가 꼬시래기 살을 미끼로 써도 덥석 잘 문다고 생긴 말이다. 제 동족의 살도 물어서 잡혀 올라온다고 '아무나 낚는 멍청하고 식탐 많은 물고기'라고 놀리는 말이다. 하지만 얼마나 맛있으면 제 살까지 먹을까 싶은 고소한 맛의 물고기가 '꼬시래기'인 것이다. 꼬시래기는 여름 더위가 숨이 넘어가는 입추 무렵에서 아침저녁으로 알싸한 찬 바람이 부는 11월 초중순까지 명지 앞바다에서 가장 많이 잡히는 어종이다. 꼬시래기가 지천이니 그만큼 명지 앞바다가 고소해지는 시기이다. 만추에 산의 단풍만 물드는 것이 아니라 낙동강 하구의 물고기 맛도 맛나게 물드는 것이다.

꼬시래기회쌈은 처음 듣는 사람이 많을 정도로 명지 특유의 회 먹는 방식이다. 전국을 다녀도 이런 방식은 찾아보기 힘들다. 포 떠서 펼친 꼬시래기를 쌈으로 삼아서, 그 넓적한 회 위에 밥과 양념들을 올려 먹는 '전도된 회'이다. 쌈처럼 펼쳐야 하니 꼬시래기는 20cm 안팎으로 큰 놈이면 좋다. 아주 큰 놈은 30cm까지 자란다. 꼬시래기는 배 쪽에서 갈라도 되지만 통상 등 쪽에서 가른다. 대개 어느 쪽을 갈라도 맛은 같다고 하지만, 사람에 따라서 꼬시락 가르는 칼맛이 배 쪽과 등 쪽이 다르다고 말하는 이도 있다.

어쨌든 꼬시래기를 먼저 등 쪽으로 갈라 펼치고, 그다음 다시 두 쪽 각각을 기술 좋게 칼로 저며 더 넓게 펼친다. 그 위에 밥과 양념, 땡초, 마늘 등을 올려 먹는 것이다. 그렇게 먹는 꼬시래기회쌈은 서너 번만 먹어도 한 끼 식사 시늉을 톡톡히 한다. 큰 놈이면 좋지만 작은 놈이라고 꼬시래기회쌈으로 못 먹는 것은 아니다. 등 쪽에서 한 번만 갈라 펼쳐 쌈을 싸 먹으면 된다.

비옥한 명지 앞바다가 낳은 회

'전어넙데기회'와 '꼬시래기회쌈' 맛의 '숨겨진 코드'는 낙동강 하구의 비옥함에 있다. 한국 최대의 삼각주, 그 하구의 비옥함이 전어와 꼬시래기의 맛을 낳은 것이다. 낙동강 하구의 명지 앞바다는 바닷물과 큰 강의 민물이 포개지는 기수역(汽水域)이다. 천동식 회장은 "명지 앞 바다는 우리나라 기수역에서 가장 영양분이 풍부한 지역"이라고 했다. 장강 낙동강은, 유역 면적이 남한 면적의 무려 4분의 1을 차지하는데 그 넓은 강 유역의 영양분을 풍부한 수량에 싣고 내려와 바다 같은 하 구에 축적하는 것이다. 기수역 물고기 맛은 육지의 맛이면서 강의 맛이 며, 바다의 맛이다.

새들도 이 맛을 아는 모양이다. 동양 최대의 철새 도래지가 '풍성한' 낙동강 하구다. 섬진강 재첩이 부상하기 이전에 우리나라 재첩의 대명 사는 낙동강 하구 재첩이었다. 질 좋은 낙동 김도 마찬가지다. 1980년 대라면 산업 번창으로 전국적 명성을 떨친 명지 대파를 키운 토양도 삼 각주의 혜택이다. 이런 사실이 '기름진 낙동강 하구'의 알려진 면모다.

재첩, 김이 자라기 좋은 풍부한 영양분을 머금은 명지 앞바다가 전 어와 꼬시래기를 키우는 것이다. 기수역의 먹이 생태가 전어와 꼬시래 기의 맛을 좌우한다.

"명지 앞바다의 물살, 모래 굵기조차 전어와 꼬시래기 맛을 좌우한 다. 동해 서해 남해의 전어 맛이 각각 다르고, 낙동강 하구와 섬진강 하 구의 전어 맛이 영 다르다. 깨 서 말이 나오는 전어의 고향이 이곳 명지 앞바다이다." 천동식 회장이 명지 꼬시래기와 전어를 자랑하는 말이 다.

1980년 무렵, 전어의 기막힌 맛 덕분에 우리나라에서 가장 먼저 전 어 활어 시대를 열었던 곳이 명지다. 활(活) 전어 시대를 열 수 있었던 것은 명지 전어가 전국에서 가장 맛있기 때문이라고 이곳 사람들은 자 부한다. 요즘은 남해, 서해에 걸쳐 전국 곳곳에서 전어 축제를 열고 있다. 그중 2001년부터 시작한 명지 전어 축제가 전국 제1호 축제인 것은 당연하다.

1987년 낙동강 하굿둑이 들어서고 물길이 많이 바뀌었다. 하굿둑이 없던 시절, 아주 오랫동안 명지 사람들은 나룻배를 타고 을숙도 물길을 가로질러 신포 나루와 강 건너 하단 나루를 오갔다. 그 시절이 입에 익어 명지 사람들은 '부산 간다'라는 말을 나중까지 했다. 이제는 시절이 바뀌어 부산사람들이 명지에 간다. 전어 회와 꼬시래기 회를 먹기 위해서다. 명지 앞바다를 입속에 넣는 것이다. 천동식 회장은 "명지 사람들은 투박한 것 같지만 알고 보면 속정이 깊은 사람들이다."라고 했다. 전어넙데기회와 꼬시래기회쌈은 투박한 삶에서 저절로 나온 투박한 방식의 회다. 먹어보면 속 깊은 맛을 느낄 수 있는데 그것은 명지 사람들에게 느낄 수 있는 찰지고 속 깊은 정의 맛이라고 할 수 있다.

낙동 김과 함께 먹으면 감칠맛이 더해진다

명지 앞바다 명품 중 또 다른 하나가 '낙동 김'이다. 낙동 김은 전국 김 재배 면적의 0.7%에 불과하지만 생산 금액이 5%를 차지할 정도로 품질이 좋다. 색깔이 검고 질이 좋아 한국 김 수확 일 번지인 전라남도 완도에 팔려 갈 뿐만 아니라 1970년대 초중반에는 최고급 김으로 일본에 전량 수출될 정도였다고 한다.

명지산 전어와 꼬시래기가 이런 낙동 김을 피해 갈 수 없다. 김은 마른 김이 아니라 늦가을 막 생산되기 시작하는 싱싱한 물김이다. 이 물

명지 앞바다. 낙동 김을 채취하고 있다.

김과 함께 회를 먹는 것이 명지에서 생선회를 즐기는 방식의 정점이다. 첫 수확 김인 '초사리'가 나오는 것이 10월 말~11월 초다. 이때 전어 맛도 꼬시래기 맛도 절정에 이른다. 절정에 이른 전어넙데기를 초사리 김과 함께 먹거나 물김 위에 꼬시래기회를 얹어 먹는다. 낙동 김과 전어, 꼬시래기의 결합에서는 다양한 변주가 가능하다. 그 예를 잘 보여주는 것이 꼬시래기와 낙동 김의 결합인데 이름난 별미 중 하나가 '꼬시래기회 김무침'이다. 큰 양재기에 꼬시래기회와 물김을 넉넉하게 넣고 무채, 땡초, 마늘과 함께 초고추장에 쓱쓱 버무려 깨를 솔솔 뿌려 먹는 무침회인데 감칠맛과 담백한 맛이 찰떡궁합으로 어우러진다.

꼬시래기회 김무침

전어와 꼬시래기가 들어가기 직전에 김을 만나 마지막 불꽃을 태운다. 명지가 아니면 알 수도 없고, 시도하기도 어려운 방식이다.

김정화 ‖ K스토리연구소 대표

이야기를 듣고 기록하고 엮으면서 인생을 배운다.
세상과 소통하는 따뜻한 이야기를 만나기 위해
오늘도 뚜벅뚜벅 길을 나선다.

바다마을의 대표 잔치음식
- 매집찜

김정화

"머예? 애지? 그기 안 나온 지 몇 년 됐다. 옛날에는 제주서 오기도 했는데, 요새는 그기 안 난다. 옛날에도 그기 비쌌다. 간장 종지만큼 해가 2만 원 했는데 요새는 돈을 주도 못 산다."

매집을 아시나요

'매집'은 기장의 대표적인 잔치 음식이다. 기장에서 잔치할 때 매집을 안 하면 잔치 안 한 거라는 말이 있을 정도다. 매집의 주재료는 '떡청각'이다. 기장 사람들은 '애지'라고도 한다. 매집은 떡청각과 따개비 등 각종 해산물과 콩나물, 고사리 등 갖은 야채를 넣고 걸쭉하게 끓여낸 일종의 나물찜으로, 보통 매집찜이라고도 한다. 매집을 실제로 먹어보기 위해 기장 아지매들에게 수소문했지만 불발이다. 애지가 없단다. 애지가 없어 사라져 버린 음식, 바닷가 마을의 특별한 음식 매집에는 어떤 이야기가 숨어 있을까.

애지를 만나다

이옥염 어르신

"이기 애집니더."

뙤약볕이 따갑던 여름날, 강송 정공원 인근에서 일광 토박이 이옥염(75) 어르신을 만났다. 매집 이야기를 찾던 중에 연락이 닿았는데, 오래전 딸 결혼잔치 때 쓰고 남은 애시가 있다며 조금 갖고 오셨다. 오래된 마른 애지에서는 아무런 맛이 느껴지지 않았다. 사라지는 향토 음식에 대한 아쉬움을 담아 어르신의 목소리로 기록을 남긴다.

매집의 유래

"매집이 무슨 뜻이냐카면, 국 종류를 껄쭉하이 한 거를 매집이라카데예. 이거는 평소에 먹는 기 아이고 잔치음식이라. 옛날에는 잔치하면 전부 집에서 손님을 치렀잖아예. 우리가 한동네에 오래 살아도, 동네 어른들 전부 모시놓고 밥 한 끼 하기가 어렵잖아예. 자식 혼사를 함으로써 온 동네 사람들한테 식사 한 끼 대접한다 이런 생각으로 만들었어예. 잔치하는 집에 매집을 안 하면, 잔치 안 한기다, 이랬어예. 없는 집은 이거 못합니다. 있는 집이라야 이거를 하지. 잔치한다고 다 하는 기 아이라예.

　옛날에 이 마을이 너무 못살았어예. 땅은 척박하고 농사는 안되니까 바다만 바라보고 사는 기라. 대부분 고기를 잡아서 생계를 유지하는데 고급어종은 먼저 판매를 하고, 정작 판매자들은 인기 없는 거, 팔리지 않는 거를 본인들이 먹기 시작했어예. 애지도 그렇고, 따개비도 그렇고... 갯가에서 흔히 구할 수 있는 재료를 모아다가 푹 끓여 먹기 시작한 기 아닐까 싶어예. 한동네 살면서도 바쁘니까, 한자리에 모일 일이 없으니까, 마을 대소사 때라도 모이자 해서 마을 사람들이 다 같이 만드는 음식이라예."

떡청각(애지)

매집의 주인공 애지

"매집에서 제일 중요한 기 애지라. 애지가 들어가야만 맛이 극대화가 됩니더. 우리 어릴 때만 해도 애지가 참 흔했어예. 언제부턴가 환경이 변하면서 점점 안 나데예.

청각

우리는 마른 애지를 사다가 물에 부라가(불려서) 씁니더. 물에 부르기 전에, 방망이로 하나하나 칩니더. 애지에 돌이나 자갈이 많이 붙었거든예. 방망이로 치면, 자갈이 거의 떨어집니더. 한 시간 정도 불리면 이기 커져요. 물에 부라가지고 손톱으로 일일이 돌을 빼끼냅니더. 한 되 다듬을라카면 두세 시간은 따듬어야 됩니더. 이기 말도 못하게 손이 갑니더.

떡청각(=애지)하고 청각은 이름은 비슷한데, 완전히 다른 기라예. 만일에 청각이 멥쌀이라면, 애지는 찹쌀로 치거든예. 청각은 사슴뿔처럼 기다랗고 얼레벌레 생기가지고, 너풀너풀하이 파도가 치면 밀리 나올 수도 있지만, 이거는 바위에 딱 붙어서 흔들거리지도 않해예. 동그랗고 까무잡잡한 기 바위에 달라붙어가 그냥은 안 떨어져예. 해녀들이 칼로 가지고 바위에 이래 힘을 주서 긁어내야 되예. 그만큼 바다향이 진하고 생명력이 응축된 기라예."

청각	떡청각
학명 : Codium fragile	학명 : Codium arabicum Kützing
주로 파도의 영향을 덜 받는 얕은 바다 속 돌이나 바위에 붙어사는 해조류로, 녹색의 사슴뿔 모양이다. 비타민C 칼슘, 인 등이 풍부하여 어린이들 성장발육에도 좋고 철분이 많아 여성들의 빈혈 예방에도 도움이 된다. 섬유질이 풍부해 변비에도 효과적이다.	접착성의, 달라붙어 잘 떨어지지 않는 성질을 갖고 있다. 돌버섯이라고도 불리며 쫄깃한 식감이 특징이다. 과거에는 해안 바위에서 쉽게 볼 수 있었으나 시간이 지나면서 기후변화, 수온 상승, 환경오염 등으로 개체 수가 많이 줄었다. 청각과 같은 속이며 종이 다르다.

(사진출처 : 네이버)	(사진출처 : 네이버)

매집 만드는 법

"매집하는 날은 공터에다 큰 솥을 걸어예. 동네에 솜씨 좋은 할매를 불러다가 주도를 시킵니더. 잔치할 때는 업무를 분담해서 한다 아입니꺼. 단술하는 사람, 잡채하는 사람, 떡하는 사람, 매집하는 사람... 매집하면 손이 바쁩니더. 한쪽에서는 애지 장만하고 누구는 늙은호박 썰고. 누구는 파 다듬고, 콩나물 대가리 따고, 고동도 미리 삶아가 까놓습니더.

먼저 다시를 잘 **빼야** 되예. 다시도 기술이라. 메르치하고 다시마 넣고 푹 끓입니더. 다싯물에 김 오르면, 콩나물하고 애지하고 따개비를 넣어예. 된장을 풀어가 심심하이 간을 합니더. 고사리 버섯, 나머지 해산물과 야채 넣고 들깨가리, 찹쌀가리 범벅해가지고 북덕북덕 끓입니더.

밤고동, 맵싸리고동, 미더덕, 애지, 청각, 톳, 호박, 고사리, 콩나물, 방아잎 등 매집찜 재료들

늙은호박도 잘게 썰어가 넣고, 토란대도 삶아가 찢어 넣으면 맛있어예. 다 되면 방아잎도 넣고, 부추도 고명으로 조금 넣어예. 이거는 계속 젓어야되예. 까딱 잘못하면 솥 밑에 눌거든예. **빡빡하이** 깔쭉하이 다 됐다 싶으면 커다란 다라이에 부어가 식힙니더. 이거는 뜨실 때 먹는 게 아니고, 식혀서 먹어예. 하루 식힌 기 진짜배기, 숙성된 맛이 나는 기라.

미더덕청각무침, 꼬시래기, 톳나물, 미역나물 등 지역 재료로 차린 매집찜 한상

    옛날에 잔치 집에 가면 개인별로 상을 줍니더. 작은 상에 밥 올리고, 국 올리고 반찬, 수육, 술, 떡 골고루 올려예. 매집은 막걸리 종지 같은 그릇에 개인별로 한 그릇씩 줍니더. 이거는 밥 대신이 아이라, 밥반찬 겸 고급 술안주라. 동네잔치에 못 오신 어르신들한테 저녁에 집집마다 상을 이고 갖다드립니더. 이때도 매집이 빠지면 안 되는 기라.

    그런데 매집은 제사상에 절대로 안 올립니더. 지역마다 제사상에 올리는 음식이 있다 아입니꺼. 우리 동네는 '치'자 돌림 생선은 안 올리데예. 멸치 갈치 삼치 같은 생선은 비늘 없고 성질 급하다고. 과일, 고기, 생선, 제사 음식 준비하는 날은 매집 준비할 여력이 없는기라. 누구 집에 매집찜 한다 소문이 들리면 서울 사는 동창들이 관광버스 대절해가 고향에 내려옵니더. 매집 맛을 볼 수 있을까 해서. 고향에 오는 기 이

매집찜 먹으러 오는기라. 다른 지방에 나가 있는 사람들은 이걸 고향의 맛이라고 너무너무 먹고 싶어합니더. 우리는 이기 먹고 싶어도, 혼자서는 못 합니더. 이거는 쉽게 만들고 하는 음식이 아니라예. 손이 너무 많이 가는 음식이라."

매집 맛의 비밀

"매집은 오로지 된장으로 간을 합니더. 된장이 맛있어야 되요. 간은 세게 안 합니더. 다싯물을 많이 잡지 말고, 해조류도 적당히 씹힐 정도로 다지가 넣어예. 따개비하고 애지를 많이 넣는기 비법이라예. 따개비가 오돌오돌 씹히면 너무 맛있어예. 음식은 뭐든지 많이 해야 제맛이 납니더. 잔치 음식은 암만 작게 해도 한 100인분은 해야 하니까 매집은 가마솥 걸고 시작한다 아입니꺼.

늙은호박도 너무 오래 익은 거는 맛이 없어예. 호박도 가을에 바로 딴 걸로 해야 맛있습니더. 여름은 덥고 하니까, 보통은 선선한 가을이나 초겨울에 잔치를 많이 합니더. 현재 젊은 사람들은 그 맛을 모릅니더. 내가 평생을 기장에 살면서, 국죽, 국찜, 설치 다 묵어봤지만, 제일 맛있는기 매집이라예.

한번은 이런 일이 있었어예. 내가 시집을 오니께, 하루는 우리 시어머니가 아지매들 모이는 계에 간다 카데예. 그래 내가 작전을 짰어예. 어무이, 그라모 점심시간 다 되가지고 내가 어무이 찾아가께예. 그 집에 가서, 우리 어무이 만나러 왔는데예, 하면, 아이고 야야 들어와라,

점심 한 그릇 묵고 가라. 그래가, 나도 매집 한 그릇 먹구로 해주이소. 얼마나 맛이 있으면 새색시가 시어머니 모임에 따라 갈라고 이렇게 짰다니까. 나중에 들어보니까, 동네 사람들이 '저 집 며느리는 주지 넓다 (주제넘다)' 카더라고예."

매집이 사라진 이유

"옛날에는 잔치하면 다 같이 모여서 음식도 만들고 상부상조하고 했지만, 요새 누가 집에서 잔치합니꺼. 안 합니더. 음식도 다들 뷔페 불러서 한다 아입니꺼.

제일 중요한 기 애지를 못 구하는 기라. 옛날에는 애지가 한 되에 15만 원 했는데, 요새는 20만 원을 주도 못 삽니더. 돈이 문제가 아이라, 구하기가 영 힘들어예. 그기 없어도 만들 수는 있는데 옛날 맛이 안 나는기라. 재료도 많이 들어가고 일도 많고. 여러모로 번거롭다 보니 1990년대 들면서 점점 사라지더만 요새는 매집하는 사람 거의 없습니더.

몇 년 전에 방송국에서 와서 매집 만드는 거 한번 찍었어예[1]. 그 뒤로는 여기저기 방송국에서 해마다 전화가 와예. 그거 함 하자고. 하지만 개인이 하기는 어려워예. 방송국에서 지원금을 받아가지고 어촌계 단위로 하면 모를까. 방송으로 수입이 생기는 것도 아니고, 경제적인

1) KBS 한국인의 밥상, 331회(2017.8.31) "바다의 신사 갈치, 기장 매집찜"

부분도 생각하지 않을 수가 없어예. 한 그릇에 3만 원, 5만 원을 받더라도 누가 그걸 복원해놓으면 좋겠어예.

인자는 어른들이 많이 돌아가시고, 옛날에 솜씨 좋던 어르신들한테 부탁해도, 재료 다 준비할 테니 한번 만들어 줄랍니꺼? 해도 아이고 못한다, 내 밥도 못 끼리 묵는다, 이랍니다.

지금도 기장 어르신들은 매집을 '고향의 맛'이라며 너무 먹고 싶어합니더. 바닷가 마을의 특별한 음식, 공동체 문화의 상징 같은 음식이 점점 사라지고 있어 너무 안타까워예. 어르신들 살아계실 때, 이런 향토 음식이 잘 고증되고 복원되어서 다시 맛볼 수 있는 날이 왔으면 좋겠어예."

매집 이름에 관한 해석

일설에 따르면 매집의 어원이 '맨집'이라는 이야기가 있다. '맨'은 맨손, 맨밥, 맨얼굴처럼 아무것도 첨가하지 않았다는 뜻이고, '집'은 수집, 채집처럼 다양한 식재료를 모았다는 의미로, 매집은 별다른 양념 없이 제철 재료를 끓인 음식이란 뜻이다.

조사를 마무리할 때쯤, 매집 이름에 관한 흥미로운 해석을 들었다. 토박이 어르신의 이야기를 듣고 보니, 여러 가지 퍼즐이 딱 맞아지는 느낌이 들었다. 어르신의 해석을 인용하면서 글을 맺는다.

"'매집'을 한자로 어떻게 쓸까, 가만히 생각해보면, 매양 매(每)자에 모을 집(集)자 아니겠나 싶어요. 아직까지 문헌에 밝혀진 바는 없어요. 글자라는 게 결국 지역민들이 사용하는 소리를 음차로 해서 만들어지는 거 아니겠습니까. 매양 매자가 '늘, 언제나'라는 뜻도 있지만 '제각각, 각자'라는 뜻도 있거든요. 여러 사람이 제각각 가지고 온 것을 한데 모아서 만들어낸 음식이라는 의미가 아니겠나 이런 생각을 해 볼 수 있는 거라.

이런 음식에는 두레, 품앗이 정신이 녹아 있어요. 옛날에 혼사나 장례 있을 때는 빈손으로 안 갔어요. 축의나 부의를 물건으로 했어요. 각자 형편껏 가져오는 거라. 쌀 가져오는 사람, 고기 가져오는 사람, 미역 가져오는 사람... 형편이 안 되는 사람은 일손으로 도와줍니다. 힘 쎈 사람은 장작을 패주고. 키 큰 사람은 상여를 메주고... 여러 사람이 모여서 큰일을 치는 거라. 그렇게 함으로써 마을공동체 구성원으로서 소속감도 생기고, 혼자가 아니라는 것을 확인하는 계기가 되지 않았을까 싶어요."

도움 주신 분

기장향교 유림회장 이방호

기장문화원 향토문화연구소장 황구

참고문헌

부산광역시립중앙도서관, 『부산의 밥상-가정에서 이어오는 맛』, 2015

최원준, '부산탐식프로젝트 - 기장 매집찜', 국제신문, 2017.2.7.

이다혜, '울산음식디미방 - 순수 끓인 고디탕', 경상일보, 2021.6.29.

김성윤 ┃ 조선일보 음식전문기자

2000년 조선일보에 입사해 15년 넘게 음식 분야를 취재해왔다.
이탈리아에 있는 세계슬로푸드협회가 설립한 미식학대학(UNISG)에서
'이탈리아 지역별 파스타 비교 분석'으로 석사 학위를 받았다.
지은 책으로 『커피 이야기』, 『식도락계 슈퍼스타 32』, 『세계인의 밥』,
『이탈리아 여행 스크랩북』, 『음식의 가치』(공저)가 있다. 방송, 유튜브 등
다른 매체로 활동 영역을 넓혀가는 중이다.

붕장어 주낙에 걸려 온 말미잘, 밥상에 오르다
- 말미잘탕

김성윤

대표적인 하등동물로만 알았던 말미잘. 실제로 보니 무척 아름다웠다. 핑크빛 촉수가 꽃잎처럼 화려하게 하늘거렸다. 영어 이름이 왜 '바다의 아네모네(Sea Anemone)'인지 이해됐다. 그리고 예상보다 훨씬 맛있었다.

올여름에도 많은 분이 보양식을 챙겨 드셨으리라. 한민족은 여름 무더위를 무탈하게 넘기기 위해 보양식을 먹어왔다. 약식동원(藥食同源) 즉 음식이 곧 약이라는 생각을 가졌던 우리 선조들은 복날뿐 아니라 평소에도 보양식을 챙겨 먹었다. 삼계탕이나 장어, 낙지, 소고기, 민어 등 종류도 다양하다. 하지만 말미잘을 보양식으로 먹는다는 건 최근에야 알았다.

보양식으로서의 말미잘을 알게 된 건 시인이면서 문화공간 '수이재'를 운영하는 최원준 씨 덕분이다. 부산의 이름난 식객이기도 한 최 시인에게 말미잘에 대해 들은 건 몇 년 전이다. 그는 "부산 기장에선 말미잘을 여름 보양식으로 먹는다"라며 "6월부터 7월이 제철"이라고

수조관 속 말미잘

했다. "말미잘을 잘 손질한 후 수육이나 매운탕 등으로 만들어 먹습니다. 식감이 좋은 데다 고단백질로 몸에도 좋아, 기장 사람들에게는 최고의 여름철 보양식으로 첫손 꼽히고 있지요."

음식전문기자로 15년 넘게 일했지만, 말미잘을 보양식으로 아니 음식으로 먹는다니, 상상도 못 했다. 꺼림칙하다 못해 엽기적이란 생각이 들었다. '많고 많은 먹거리를 놔두고 말미잘까지 먹어야 하나'라는 생각도 들었다. 하지만 다시 뒤집어 생각하니 '별의별 음식을 다 먹으면서 말미잘은 먹지 말란 법도 없지 않나' 싶었다.

우연히 부산 해운대에서 한국을 대표하는 프랑스 레스토랑 '메르씨엘'을 운영했던 윤화영 오너셰프를 만났다. 그는 "프랑스에서 말미잘은 별미로 꼽힌다"고 했다. 윤 셰프는 프랑스 최고 요리학교 중 하나로 꼽히는 페랑디(Ferrandi)를 졸업하고 파리 '조르주V 호텔'에서 수석 부주방장으로 일했다. 조르주V는 파리에서도 오랜 역사를 자랑하는 호텔이자, 프랑스 관광청이 최고급 호텔에만 수여하는 팔레(palais·궁전) 등급을 받은 곳이다. 현재까지 프랑스 내 31개 호텔만이 이 등급을 받았다. "프랑스 남부 항구도시 마르세유에 '르 프티 니스(Le Petit Nice)'라는 레스토랑이 있어요. 세계적 권위의 미쉐린 가이드로부터 최고 등급인 3스타(별 셋)을 받은 마르세유 최고의 맛집이죠. 이 식당 대표 요리 중 하나가 말미잘 튀김이에요."

국내에서도 말미잘은 부산 기장에서만 먹지 않는다. 지금은 사라졌지만, 제주에서도 오래전부터 먹어왔다. 제주향토음식보전연구원 양용진 원장은 "이제는 사라진 해녀들의 음식 '몰심탕'이 말미잘로 끓였다"고 했다. 제주에서 오래전부터 먹었고, 세계 최고의 미식 국가로 꼽히는 프랑스에서도 먹는다니, 말미잘이 어떤 맛인지 궁금했다. 말미잘을 맛보러 초복을 앞두고 최 시인과 함께 부산 기장에 있는 학리항을 찾아갔다.

학리항 수산물판매센터에 입주한 식당마다 수족관에 말미잘이 들어 있었고, 손님들은 말미잘탕으로 복달임을 하고 있었다. 해녀인 어머니를 이어 '해녀집' 식당을 운영하고 있는 오석미 씨는 "우리 마을에선 30여 년 전부터 말미잘탕을 끓여 먹었다."라고 했다.

최 시인은 "말미잘탕은 40년쯤 전 학리 지역 한 어부의 아내가 만들었다"고 했다. "지금도 그렇지만 학리는 붕장어(아나고)로 이름난 지역입니다. 붕장어 잡으려고 바다에 던져둔 낚싯바늘에 말미잘이 심심찮게 딸려 올라왔다는 거예요. 처음에는 재수 없고 흉측해 버렸지만, 차

말미잘

츰 아깝다는 생각이 들었겠죠."

어부의 아내는 시험 삼아 물메기탕을 끓일 때 말미잘을 넣어봤다. 처음에는 물메기탕을 끓일 때 말미잘을 넣어보니 맛이 나쁘지 않았다. 연구를 거듭해 말미잘과 붕장어를 함께 넣고 끓이는 현재의 말미잘 매운탕을 완성했다. 기장의 대표 여름 보양식 '말미잘 매운탕'으로 거듭났다. 한입 크기로 자른 말미잘에 붕장어, 갖은 채소, 양념을 넉넉히 넣고 보글보글 끓여 여름 한 철 즐긴다. 일광 해변 일대에는 말미잘을 매운탕, 수육 따위 음식으로 파는 식당이 10여 곳 영업 중이다.

말미잘은 붕장어 배의 주낙으로 잡는다. 부산에서는 기장 지역에서만 나는 특산물이다. 수심 100m 개펄에서 장어 주낙의 미끼를 물고 낚여 올라온다. 크기는 지름 15~20cm로 다른 지역 말미잘보다 크다. 4~5마리면 1kg이 넘는다. 붕장어잡이 배는 2~100t 정도 크기다. 1t당

주낙줄을 10바퀴 정도 싣는데, 대개 40~60바퀴씩 준비해 출항한다. 470~500m 주낙줄 '한 틀'을 '한 바퀴'라고 하는데, 크고 둥근 고무대야 안에 한 틀의 주낙줄을 준비해 두기 때문에 그렇게 부른다. 계절과 물때에 따라 다르지만, 보통 30~80kg 어획한다.

말미잘은 '산호충강 해변말미잘목'에 속하는 강장동물이다. 세계적으로 1,000여 종이 존재한다. 말미잘이 하등동물로 분류되는 건 몸 구조가 단순하달까 혹은 원시적이기 때문이다. 입과 항문이 하나인 자포동물이다. 자세히 들여다보면 '말의 미주알(항문)'처럼 생겼다 하여 말미잘이란 이름을 갖게 됐다. 말 항문을 본 적이 없지만, 조상들이 오랜 세월 관찰한 결과로 붙인 이름일 테니 틀림없겠지. 다음에 말을 보게 되면 반드시 확인해볼 계획이다. 기장과 제주도 등 해안 지역에서는 말미잘을 '몰심'이라고도 부르는데, '말의 암컷 성기'를 이르는 말이 순화된 것으로 보인다.

하등한 동물일지는 모르나 원통 모양의 몸 끝에 왕관 모양의 촉수가 뻗어있는 모습이 꽃처럼 아름답다. 예로부터 조류 따라 화려한 촉수를 '꽃잎처럼 하늘거린다' 하여 '바다의 꽃'이라 불렸다. 서양에서는 '바다의 아네모네(sea Anemone)'라 한다. 그러나 그 아름다운 꽃 이름 뒤에는 치명적인 위험이 도사리고 있다. 마치 로렐라이 언덕에서 부르는 아름다운 인어의 노랫소리처럼 말이다. 독이 들어 있는 촉수를 한들한들 흔든다. 화려한 촉수에 현혹돼 물고기가 접근하면, 총을 쏘듯 촉수로 물고기를 마비시켜 잡아먹는다. 독을 품고 도사리는 치명적인 바다 사냥꾼인 것이다.

이처럼 독성을 지닌 말미잘을 식용해도 괜찮을까. 기장 사람들은 말미잘이 위장과 간에 좋다고 말한다. 그만큼 해독과 치유 능력이 뛰어나다는 뜻인 듯하다. 부자집 입구에는 '말미잘십전대보탕'이라고 써 있기도 한데, 주 씨는 "손님들이 말미잘의 효능이 '보약 한 재'와 같다며 붙여준 별명"이라고 했다. 최근 과학자들이 말미잘에서 항균과 마취 효과가 있는 생리활성 물질 '크라씨코린'을 발견했다. 피부 노화 예방과 미백 효과에 관한 연구도 진행되고 있다니, 보약처럼 대단한지는 확실찮으나 몸에 이로운 성분이 들었기는 한 듯하다.

기장에서는 말미잘 매운탕의 효능이 보약 한 재와 맞먹는다며 '바다의 십전대보탕' '용봉탕'이라 부르기도 한다. 최 시인은 "'신랑각시탕'이라 불리기도 하는데, 말미잘은 여성에게 유효하고 붕장어는 남성 기력 보충에 좋으니, 둘의 궁합이 부부 금슬 좋아지는 음식 중 최고의 반열이라는 뜻"이라며 웃었다.

말미잘을 수육과 숯불구이, 매운탕으로 먹어보기로 했다. 오 씨가 수족관에서 말미잘을 그물로 건져냈다. 그는 "말미잘을 잡아서 3일 정도 수족관에 두면 독성이 사라진다."고 했다. 꽃잎처럼 촉수를 하늘거리던 말미잘이 물 밖으로 나오자 촉수를 몸 안으로 집어넣어 원뿔형으로 모습을 바꾸었다. 지름이 10~20cm가량으로, 손바닥에 꽉 찰 정도로 크다.

말미잘은 손질에 수고가 많이 필요한 음식이었다. 꺼칠한 솔로 말미잘 표면에 묻은 이물질과 점액질을 말끔히 제거하고 촉수를 제거한다. 칼로 반으로 가르고 안의 내장일 일일이 손질한 다시 한입 크기로 잘라 흐르는 물로 깨끗이 씻고 손으로 바락바락 문질러 독을 뺀다. 조 씨는 "제대로 장만하지 않으면 말미잘에 남은 독성 때문에 먹은 뒤 입과 목이 싸하다."고 했다. 잘라놓은 말미잘은 선명한 주홍빛이 언뜻 멍게처럼 보이기도 했다.

식탁에 말미잘 매운탕, 수육, 숯불구이가 차례대로 올라왔다. 말미잘 매운탕은 말미잘과 붕장어를 함께 넣고 얼큰하게 끓인다. 오 씨는 커다란 냄비에 말미잘과 미리 준비해놓은 붕장어, 양파, 된장, 고춧가루, 땡초, 대파, 다진 마늘 등을 더하고는 밤새 우린 붕장어 뼈 육수를 부어 센 불에 끓였다. 펄펄 끓기 시작하자 송송 썬 파를 넣더니 곧이어 방아 잎을 툭툭 손으로 끊어 넣고는 휘휘 저어서 말미잘 매운탕을 마무리했다. 주 씨는 말미잘 매운탕을 냄비 채로 식탁에 놓인 휴대용 가스레인지 위에 올려주었다.

말미잘 매운탕을 대접에 덜었다. 국물부터 한술 떠서 맛봤다. 걸쭉하고 진하면서도 시원하고 개운하다. 구수하면서 살짝 칼칼하다. 오 씨는 "말미잘에서 우러나온 담백함과 아나고의 기름진 고소함이 잘 어우러진다"고 했다. 구수하면서 살짝 칼칼하다. "매운탕이라고

기장 학리항 말미잘구이

기장 학리항 말미잘탕

고추장을 쓰면 텁텁해서 이 맛이 안 나지.”

　드디어 말미잘 매운탕의 하이라이트랄 말미잘을 젓가락으로 집어 입에 넣었다. 식감이 경쾌하고 산뜻하다. 부드러운 연골을 씹듯 톡톡 터지는 식감이 아주 특별하다. 전체적으로는 젤리처럼 부드럽고 말랑말랑하면서, 오독오독 씹히는 연골이 살짝 붙어있다. 질기거나 느끼한 부분이 전혀 없다. 일본에서 어묵(오뎅)탕에 반드시 들어가는 소 힘줄(스지)와 비슷하지만 훨씬 부드럽다.

　매운탕에 이어 수육을 맛봤다. 은근하고 담담하게 씹히다가 점점 고소한 향이 강하게 치고 올라오는 매력이 있다. 은은하게 간이 배 있어 그대로 먹어도 좋고, 초고추장이나 간장을 살짝 찍어 먹어도 그 맛이 훌륭하다. 해녀집의 말미잘구이는 끓는 물에 데친 말미잘을 아무 양념

없이 연탄불에 겉이 노릇해지게 굽는다. 식당에 따라 고추장 양념을 발라 굽기도 한다. 말미잘 숯불구이는 숯불 향이 물씬한 가운데 고추장 양념에서 비롯된 달착지근한 감칠맛이 특별하다. 최 시인은 "숯의 불향과 들큰한 양념, 말미잘 본연의 식감이 서로 어우러져 환상적인 맛을 내지 않느냐"며 연신 집어 먹었다. 꼬독꼬독한 식감도 기막히다. 매운탕에 들어있는 말미잘보다 더 탱탱하면서 오징어처럼 구수한 맛이 났다.

'잡식동물의 딜레마(Omnivore's Dilemma)'는 미국 음식 작가 마이클 폴란이 만들어낸 말이자, 그가 자신의 책에 붙인 제목이기도 하다. 인간을 포함한 잡식동물을 무엇이든 먹을 수 있다. 그렇기에 고기만 먹는 육식동물과 풀만 먹는 초식동물과 달리, 새로운 먹거리를 발견할 때마다 먹어도 될 것인가 고민하게 된다. 이러한 고민과 마주했을 때 인간은 두 부류로 나뉜다. 먹기를 포기하고 그동안 먹어온 안전한 먹거리에 만족하는 부류와, 새로운 먹거리에 도전해보는 부류이다.

인류 생존의 역사에서 두 부류는 상호보완적이다. 기존 먹거리에 만족하는 보수적인 인간들은 자칫 새로운 먹거리에 들어 있을 수 있는 독이나 위험 성분에 의해 인류라는 종이 전멸하지 않는 안전핀 역할을 했다. 하지만 특정 먹거리로 제한된 식생활을 고집할 경우, 가뭄·홍수·병충해 등에 의해 주식으로 삼던 먹거리가 충분하지 않거나 완전히 사라졌을 때 인류 역시 멸종할 위험에 빠진다. 반면 자칫 위험할 수도 있는 새로운 먹거리에 도전하는 용감한 인간들은 먹거리의 종류와 폭을 넓혔다. 대안이 될 수 있는 식량을 확보함으로써 인류 존속에 기여했다.

새로운 먹거리의 발견은 동시에 새로운 맛의 발견이었다. 그러니 이 용기 있는 부류는 오늘날 미식가들의 선조인 것이다.

"당신이 무엇을 먹는지 말해달라. 그러면 당신이 어떤 사람인지 말해주겠다."는 말로 유명한 프랑스 미식가 브리야사바랭(Brillat-Savarin)은 이런 말도 남겼다. "새로운 요리의 발견은 새로운 별의 발견보다 인류의 행복에 더 큰 기여를 한다." 말미잘을 맛보기로 결심한 용감한 기장 주민들에게 감사와 찬사의 박수를 보낸다. 당신들의 과감한 도전 덕분에 부산 나아가 한국의 맛 지평은 더욱 넓어졌고, 식문화는 더욱 풍성해졌다.

부록 - 부산 지명, 부산 음식

기장미역, 조방낙지, 구포국수, 낙동김, 대변멸치, 산성막걸리,
가덕대구, 가덕숭어, 명지대파, 칠암붕장어
박종호

박종호 ┃ 기자

맛집 전문기자로 오래 활동하다 지금은 신문사 논설위원으로
사설과 칼럼 등을 주로 쓰고 있다.
다시 맛집 전문기자로 돌아갈 날을 제대 날짜 기다리는 말년 병장처럼
손꼽아 기다리고 있다.

기장미역, 조방낙지, 구포국수, 낙동김, 대변멸치, 산성막걸리, 가덕대구, 가덕숭어, 명지대파, 칠암붕장어

박종호

음식은 도시 매력도를 좌우하는 핵심 요소가 되었다. 문화체육관광부의 외래관광객 실태조사에 따르면 '맛보기 위해 여행한다'는 응답이 2015년 42.8%에서 2019년 61.3%까지 올랐다. 2022년 부산시가 실시한 부산 방문 관광객 실태조사에 따르면 내·외국인의 부산 관광 목적 1위가 '음식(맛집 탐방)'이었다. 부산역 근처 돼지국밥집이나 밀면집에 줄 서는 이유가 있었다.

이런 면에서 부산 지명을 딴 부산 음식이 많다는 사실은 큰 장점이 아닐 수 없다. 여기서는 가덕대구, 가덕숭어, 구포국수, 기장미역, 낙동김, 대변멸치, 명지대파, 산성막걸리, 조방낙지, 칠암붕장어(가나다순) 등 부산의 지명을 딴 음식 또는 식재료 10개를 다루었다. 통상 지명이 붙은 음식이나 식재료는 그 지역이 전국에서 가장 유래가 깊고 특색 있는 맛을 보장한다는 뜻이다. '대구하면 가덕!'이라는 식으로 소위 '먹고 들어가는' 지역 음식이다. 부산의 지명이 붙은 많은 음식을 보면서 부산은 참 다양한 식재료를 품고 있다는 사실을 다시 한번 실감하게 된다.

부산을 바다와 산과 강을 동시에 품은 삼포지향(三抱之鄉)의 고장이라고 부르는 데 고개를 끄덕이게 된다.

부산의 지명과 결합한 부산 음식들에서는 부산사람의 자부심이 느껴진다. 미역 양식의 국내 첫 배양지는 기장이고, 근대적인 대파 농업은 명지에서 시작됐다. 조선방직이 사라진 지 이미 오래지만 여전히 건재한 조방낙지라는 이름에는 노동자들의 애환이 묻어 있다. 하지만 질이 좋기로 유명하지만 '낙동김'이라는 브랜드를 모르는 소비자들이 많다. 오랜 역사와 높은 품질에도 불구하고 걸맞은 대접을 받지 못하는 점은 아쉽기만 하다.

지역명을 딴 평양냉면, 전주비빔밥, 충무김밥을 떠올려본다. 도시 이름을 붙인 세계적인 음식들로 눈길을 돌려 보자. 버펄로 윙(Buffalo wings)은 미국 동북부 도시 버펄로에서 유래한 핫소스를 입혀서 튀긴 닭 날개 음식이다. 분보후에(Bun Bo Hue)는 베트남 중부 도시 후에(Hue)를 대표하는 매운 쌀국수 요리다. 이름만 들어도 어떤 재료로 어떻게 만든 음식인지 떠오른다. 피자의 원조라고 불리는 이탈리아의 나폴리 피자(Napoli pizza)의 사례는 귀감이 될 만하다. 이탈리아에서도 피자는 싸구려 음식으로 취급받았다. 나폴리 피자 장인들이 협회(APN)를 결성하고 인증제를 시행한 덕분에 2017년 유네스코 인류무형문화유산으로까지 등재되었다.

멸치젓갈은 김치 담글 때를 비롯해 요리에 필수적이지만 쿰쿰한 냄새를 좋아하지 않는 사람들도 있다. 대변멸치를 이용해 안초비를 만들려는 최근의 시도에서 부산 음식의 미래를 본다. 부산의 음식들은 아직 '미생'으로, 살 수도 죽을 수도 있는 운명이다. 대구, 숭어, 미역, 김, 대파, 붕장어 등이 자신의 차례가 오기만을 기다리고 있다. 부산에서 태어난 이 귀한 식재료들이 제대로 된 요리법으로 '완생'하는 날을 기대하며 이 글을 쓴다.

기장미역

기장미역

가자미 미역국을 처음 만났던 날을 지금도 생생하게 기억한다. 미역국에 생선을 넣었다는 사실에 충격을 받았다. 그때까지 세상에는 어머니가 해준 소고기미역국만 있는 줄 알았다. 세상은 넓고 지역에 따라 미역국의 종류는 다양했다. 부산 기장군과 해운대구 앞바다에서 채취한 미역을 기장미역이라고 한다. 일제강점기 때부터 기장면 송정리 일대의 바다에서 채취된 미역은 '기장미역' 또는 '송정미역'이라는 이름으로 전국적인 명성을 얻었다. 『세종실록지리지 동래현조』에는 '미역을 진공(土貢)했다'는 내용이 있다. 동래는 조선 전기까지 부산 지역 행정 구역 이름이었다. 『비변사등록』에는 현재의 고리 지역인 '화사포'에 있던 미역밭이 왕세자의 소득원이 되었다는 기록이 있다. 기장미역의 역사성을 입증하는 내용이다.

기장에서도 처음에는 해안가 바위에 붙어 있는 돌미역을 채취하는 방식이었지만 자연산이 줄어들면서 1980년대 이후에는 대부분 양식으로 미역을 생산하고 있다. 미역 양식의 국내 첫 배양지가 기장 일광읍 학리라는 사실에서도 기장미역의 전통을 엿볼 수 있다. 기장미역은 줄기와 엽체가 좁고 두터운 북방형 미역이다. 국을 끓이면 잘 풀어지지 않고 무침을 해도 식감이 쫄깃해서 씹는 재미가 있다. '쫄쫄이'라고 불리는 까닭이다. 기장군과 해운대구 앞바다는 한류와 난류가 교차해 플랑크톤이 풍부하고, 조류도 적당히 거세기 때문이라고 한다.

기장미역이 기장 사람들의 소울푸드임을 입증하는 음식들이 있다. 그 첫 번째가 '미역 설치'다. 미역 설치는 기장 사람들이 반찬이나 술안주로 먹는다. 특히나 마을 주민의 장례식에는 결코 빠져서는 안 된다고 한다. 『기장의 향토음식』은 '부산 기장 지역의 토속음식인 설치는 국물이 자작하게 있는 해조류를 이용한 나물로 시원한 맛이 있으며, 잔치나 행사에 빼놓을 수 없는 음식'으로 기록하고 있다. 미역 설치는 생미역과 삶은 콩나물을 양념 된장, 국간장, 다진 파, 마늘, 참기름으로 무친 다음 콩나물 국물을 부어서 만든다. 사랑을 담아 감사의 뜻을 전한다는 의미의 '하트 미역'도 기장에서 개발되었다. 국내 최초의 미역국 전문점 프랜차이즈 '오복미역'도 기장에서 출발해 전국으로 퍼져나갔다. 전복과 가자미 등 다양한 수산물을 넣어 만든 미역국 전성시대는 기장 사람들이 열어젖혔다.

조방낙지

조방낙지

부산사람들은 다 알지만 외지인은 몰라서 못 찾아가는 곳이 '조방 앞'이다. '조방'은 일제강점기부터 1960년대까지 있었던 조선방직을 줄여서 부르는 말이다. 이미 사라진 지 오래지만 부산사람들에게 지금의 자유시장 평화시장 등 범일동 일대는 여전히 '조방 앞'이다. 이곳에서 낙지 요리하면 전국에서 첫손에 꼽는 조방낙지가 탄생했다. 낙지 산지는 전남 무안군이 유명하고, 전남이 국내 낙지 생산량의 82%를 차지

한다. 부산은 수산물 유통의 중심지라는 장점을 잘 살려 낙지볶음 요리인 조방낙지가 부산을 대표하는 음식으로 자리 잡게 된 것이다.

조방낙지는 1963년에 문을 연 범일동의 '원조 낙지볶음 할매집'에서 시작되었다고 한다. 단골로 오던 노동자들에게 색다른 안주로 낙지를 삶아 제공하기 시작했고, 이후 양념을 해 달라는 요구에 따라 고춧가루 양념을 더 해 내놓으며 지금의 낙지볶음이 되었다는 것이다. 조방낙지가 알려지면서 낙지볶음 식당이 범일동에 잇따라 들어섰고, 1990년대에는 낙지볶음 골목으로 전국에 명성을 떨치게 된다.

한국에서도 큰 인기를 끈 일본 드라마 〈고독한 미식가〉의 주인공 고로 씨가 부산 출장에서 선택한 유일한 메뉴가 조방낙지 중의 '낙곱새(낙지+곱창+새우)'였다. 고로 씨는 조방낙지가 "맵지 않고, 오히려 달고, 감칠맛만 느껴져, 엄청나게 맛있다."라고 표현한다. 서울 '무교동 낙지'와의 차별점이 여기에 있다. 조방낙지는 그렇게 맵지 않다. 쫄깃하면서도 담백해 낙지 본연의 맛을 느낄 수 있다. 무교동 낙지는 간 마늘을 엄청나게 넣어서 정신이 없을 정도로 얼얼하게 맵다. 조방 앞에는 낙지볶음집이 즐비했으나 귀금속골목으로 바뀌면서 거의 사라진 상태다. 하지만 조방낙지는 사라지지 않고 부산 전역으로 퍼져나갔다. 어디서든 조방낙지를 만날 수 있게 된 것이다. 낙새(낙지와 새우), 낙곱(낙지와 곱창), 낙곱새(낙지·곱창·새우) 중에서 고르기만 하면 된다. 처음에 노동자들이 그랬듯이 서민들이 소주와 반주하며 식사와 안주를 동시에 해결할 수 있는 착한 음식이다.

구포국수

　구포국수는 부산 북구 구포동 일대에서 생산되는 국수의 총칭이다. 구포국수는 잔치국수이고, 멸치국수이다. 다 맞는 말이지만 구포국수를 설명하기에는 부족하다. 국수는 먹기는 쉽지만 만들기는 매우 까다로운 음식이다. 3대째 구포에서 구포국수를 만드는 '구포연합식품' 곽조길 대표는 "국수를 만들다 보면 강에서 바람이 불 때와 산에서 바람이 불 때의 국수가 확실히 다르다. 수분이 있는 바람과 건조한 바람의 차이다"라고 말했다. 국수는 매일의 습기와 바람에 따라 반죽 단계부터 물의 함량이나 바람 조절까지 달리해야 한다는 의미다. 이제야 구포국수에 대해 이해되기 시작한다. 바다와 낙동강에서 불어오는 염분을 함유한 습기 많은 바람이 구포국수의 맛을 완성한 것이다. 구포국수 특유의 쫄깃하고 짭조름한 맛 말이다.

구포국수

　구포시장은 일찍부터 전국에서 알아줬고 일제강점기에 경부선 구포역까지 개설됐다. 구포

구포국수의 긴 면발

에는 일찍부터 곡물이 모이고 교통까지 좋아 일제강점기부터 제분·제
면 공장이 성업했다. 멸치 육수는 일본의 국물용 건어물인 니보시(煮干
し)를 사용한 요리의 영향을 받아 도입된 것이라고 한다. 이 두 가지 사
실이 구포국수의 탄생 배경을 짐작케 한다. 한국전쟁으로 부산에 피난
민이 모여들기 시작하면서 구포에서 국수가 본격적으로 생산되기 시
작했다. 1960~1970년대 구포에는 국수 제면 공장이 30여 곳에 달했
고, 구포국수는 1980년대까지 부산의 대표 음식으로 자리매김했다.
하지만 1988년 한 공장에서 구포국수로 독자적인 상표 등록을 하자
주변 공장에서 소송을 걸었고, 상표권 분쟁은 5년을 끌었다. 재판부는
구포국수는 구포의 명물이므로 한 공장에서 단독으로 사용할 수 없다
는 판결을 내렸다. 1990년대 들어 대기업의 진출과 라면의 부상으로
국수 산업은 사양길에 접어든다. 구포국수 공장들도 폐업을 하거나 김

해, 양산 등으로 빠져나가며 구포 일대에는 '구포연합식품' 단 한 곳만 남게 되었다. 구포국수 제조업체와 조리판매 업체들이 '부산구포국수 영농조합법인'을 설립하고 구포국수의 지리적 표시 단체표장 등록을 마친 점은 다행이다. 덕분에 구포국수 고유의 제면 및 삶는 방법, 육수 뽑는 법 등 조리법의 지역성, 역사성을 계승할 수 있게 된 것이다. 부산 북구가 구포국수 체험 박물관을 세우고 구포국수 살리기에 나서는 모습도 반갑다. 구포국수는 긴 면발처럼 오래 이어질 것이다.

낙동김

낙동김은 낙동강 하구 삼각주 부근에서 생산되는 '부산의 김'이다. 촉감은 부드럽고 향긋하면서도 단맛이 돈다. 다른 이름으로는 '명지 김'이라고도 불린다. '100년의 가업 명지 김'이라는 제목으로 『부산역 사문화대전』에도 자세히 소개되었다. 문득 낙동김의 운명은 낙동강과 닮았다는 생각이 든다. 낙동강이 남한에서는 가장 긴 강이지만 인지도 나 명성에서 많이 밀린다. 낙동김 산지로 이름난 강서구 신호동 의창 수협 신호위판장 앞에는 전라도에서 온 트럭이 줄지어 물김을 싣고 있는 모습을 볼 수 있다. 전라도에서 가공해서 출하하는 김은 질 좋은 낙 동김을 섞어야 제값을 받을 수 있다고 한다. 비싸서 일반 음식점에서는 보기 힘들지만 고급 참치집에 가면 꼭 나오는 음식이 낙동김이다.

낙동김은 물탱크에 며칠 보관해도 상하지 않고, 가공해서 박스에 넣 어도 변색이 안 된다. 색깔이 까맣고 반들반들 윤기가 흘러 김밥용 김

낙동김

으로는 최고다. 낙동강 하구 강물과 바닷물이 합쳐지는 기수지역의 풍부한 영양염류, 적당한 염분과 조류 덕분이다. 조선 시대부터 이곳에서 김을 만들었지만 김 양식이 본격화된 것은 일제강점기 때부터였다. 광복이 되면서 강서구에 김 양식 전문 업체들이 하나둘씩 생겨나기 시작했고, 다양한 양식법과 품종이 개발돼 전국적으로 이름을 떨치게 되었다고 한다.

싱싱한 물김이 흔한 강서구 녹산동·명지동 주민들은 일찍부터 낙동김으로 다양한 음식을 만들어 먹었다. 낙동강 굴과 콩나물, 무채 등으로 시원하게 김국을 끓여 먹는 방법이 가장 흔하다. 물김을 넣은 콩나물국은 해장국으로 최고라고 한다. 꼬시래기(망둥어)에 물김, 배, 무 등을 넣어 비벼 만든 회무침도 이 지역에서만 맛볼 수 있는 별미다. 라면을 끓일 때 김을 넣고 끓이면 해초 냄새와 구수한 국물이 일품인 물김라면이 된다. 우리 김이 '바다의 검은 반도체'라고 불릴 정도로 해마다 역대 최대 수출 기록을 갈아치우고 있다는 반가운 소식이다. 하지만 명지에는 신도시가 들어서며 어촌의 모습이 사라지고 있다. 낙동강에도 우울한 녹조 소식이 잦아서 걱정이다.

대변멸치

대변멸치

　유자망 어선으로 기장 연근해에서 잡아서 대변항에서 생산하는 멸치를 '대변멸치'라고 부른다. 대변멸치는 남해나 거제와 달리 구멍이 넓은 그물을 써서 잡는다. 그러다 보니 잡히는 멸치가 10~15cm 내외로 크고 굵다는 특징이 있다. 그래서 대변멸치는 주로 젓갈용, 횟감용, 음식 식재료 등으로 이용된다. 대변항은 일제강점기 때 일본에서 이주한 일본인들에 의해 크게 축항되고 멸치 산업도 발달하게 되었다고 한다. 현재 기장 대변은 전국 멸치 어획량의 약 60%를 차지하는 전국 최대 규모의 멸치젓갈 생산·유통시장이다.

'봄 멸치 가을 전어'라고 했다. 4~5월 산란 전의 봄 멸치가 가장 맛이 좋다고 한다. 봄에 대변항으로 나가면 멸치를 터는 모습을 볼 수 있다. 그물을 후릴 때마다 은빛의 멸치가 하늘로 튀어 오르는 모습은 장관이다. 멸치 터는 작업은 보통 한 번에 대여섯 시간이 걸리는 중노동. 이들의 수고 덕분에 대변에서는 회, 구이, 찌개 등 다양한 멸치 음식을 맛볼 수 있다. 싱싱한 생멸치에 갖은 야채를 섞고 양념으로 버무려서 먹는 '멸치회', 고소한 살집의 '멸치구이'를 맛보면 바야흐로 봄이 왔음을 실감한다. 봄에 잡는 멸치는 주로 소금 간을 하여 액젓을 만들고, 가을 멸치는 굵어서 육젓으로 주로 활용한다.

맛있는 국숫집을 찾아가 비결을 물으면 하나같이 좋은 멸치를 쓴다고 대답한다. 마른 멸치로 다시 국물을 내는 방식이 일본에서 왔다는 주장은 여전히 논쟁 중이다. 『자산어보』에는 멸치 육수에 대한 서술이 남아 있다. 마른 멸치 육수가 한국 전통 방식이라는 주장에도 귀를 기울일 필요가 있겠다. 예전 도시락 반찬에는 멸치볶음이 빠지지 않았다. 김치 담글 때도 멸치젓갈은 필수적이지만 쿰쿰한 냄새를 좋아하지 않는 사람들도 있다. 사람들 입맛의 변화에 따른 다양한 멸치 활용법이 나오길 기대한다. 기장 멸치를 이용해 앤초비를 만들려는 최근의 시도가 좋은 예다.

산성막걸리

　부산 금정구 금성동 산성마을에서 전통적으로 빚어온 쌀막걸리를 산성막걸리라고 부른다. 산성막걸리라는 이름 자체에 술의 연원이 다 들어 있다. 한국민족문화대백과사전 등에 따르면 숙종 때인 1703년 금정산성을 축성할 때 부역군 5만여 명이 새참으로 마시면서 이곳 막걸리의 맛이 세상에 알려졌다고 한다.

　전통 막걸리는 누룩, 쌀, 물로 빚는다. 마을 사람들이 빚어온 산성 누룩이 이때부터 품질이 좋기로 소문이 난 것이다. 산성막걸리는 전통 누룩의 맥이 한 번도 끊이지 않은 유일한 막걸리이기도 하다. 금주령이 유지되던 시절에도 산성마을 사람들은 굴하지 않고 누룩을 만들었다. 세무서나 경찰서에서 단속하기 위해 수시로 찾아왔지만 주민들은 세무서 차 앞에 드러눕고, 아녀자들은 마른 누룩을 이고 산으로 도망쳤다고 한다. 발로 꼭꼭 밟아 누룩을 만드는 전국에서 유일한 산성마을 '누룩방'은 오랜 기간 고단한 투쟁의 결과였다.

산성막걸리

산성마을에선 매일 500여 개의 전통 밀 누룩을 만든다. 누룩은 같은 장소에서 발효를 거치더라도 날씨나 습도 등 자연조건에 따라 맛에서 미세한 차이가 난다. 상품으로서의 단점이라고 볼 수도 있겠지만 다양한 맛을 내는 막걸리의 매력이기도 하다. 좋은 누룩에 물 맑은 금정산(金井山) 지하수로 술을 빚으니 산성막걸리가 맛이 없을 수가 없는 것이다. 산성막걸리는 가벼운 요즘 막걸리와 달리 신맛의 근원이 되는 구수한 누룩 향이 강하고 묵직하다. 이처럼 전통 누룩으로 만드는 막걸리는 전국에 몇 개 되지 않는다. 산성막걸리는 스토리텔링 면에서도 자랑거리가 많다. 먼저 박정희 대통령이 일찍부터 좋아했던 막걸리다. 1979년 박정희 대통령이 부산 순시를 왔을 때 당시 박영수 부산시장이 산성막걸리를 허가해 줄 것을 건의하면서 합법화되어 대한민국 민속주 1호가 되었다. 금정산성막걸리 유청길 대표는 2013년 막걸리 분야에서 최초이자 지금까지 유일한 식품명인으로 지정받았다.

가덕대구

대구는 회기성(回期性) 어종이다. 돌아올 시기가 되면 돌아온다는 이야기다. 대구는 멀리 북태평양 오호츠크해의 캄차카 반도 주변 해역 등지에서 서식하다가 겨울철 산란기가 되면 우리나라 남해안으로 돌아온다. 한자로 '대구 설(鱈)'자는 '고기 어(魚)' 변에 '눈 설(雪)' 자가 조합되었다. '눈 본 대구 비 본 청어'라는 우리 속담도 있다. 대구는 겨울에 눈이 많이 내릴 때 잡히고, 청어는 봄에 비가 내릴 때 잡힌다는 뜻이다.

북태평양에서 사할린을 거친 대구는 11월 말부터 이듬해 2월까지 포항 영일만과 가덕도를 비롯한 진해만에서 주로 난다.

가덕대구

　진해만에서 잡히는 대구를 '가덕대구'라 하여 최고로 쳤다. 지역에서는 "포항대구 10마리하고도 가덕대구 1마리를 바꾸지 않는다"고 할 정도로 자부심이 있다. 어민들은 포항 근해를 지나며 맛이 들기 시작해 가덕도까지 와야 비로소 제맛이 난다고 믿는다. 실제로 가덕대구는 조선 시대 궁중의 진상품에도 이름을 올렸다. 정조 때 진상품의 물품·수량 등에 대해 규정한 〈공선정례(貢膳定例)〉에는 건대구, 반건대구, 대구 알젓과 이리(곤이)젓이 포함돼 있다. 시대가 바뀌어 20세기가 되어도 가덕대구의 명성에는 변함이 없었다. 김영삼 전 대통령 시절, 수십 마리만 잡히던 가덕대구 일부가 청와대로 올라갔다고 가덕 주민들은 증언한다. 겨울철 가덕도와 가까운 용원(창원시 진해구 용원동)에 가면 집마다 대구를 말려 내걸어 대구 냄새가 물씬 난다. '가덕 대구탕'은『부산 역사문화대전』에 '가덕도 주변에서 잡히는 대구를 이용한 향토 음식'으로 소개된다. 곰국처럼 국물이 뽀얀 가덕 대구탕은 술 마신 다음 날 해장국으로 그만이다. 각종 문헌에도 대구탕은 찬 바람이 부는 겨울에 온몸을 훈훈하게 해주며, 해장국으로 먹어도 시원하고 주독이 잘 풀리는 음식으로 소개된다. 해풍으로 잘 말린 대구포는 고추장에 찍어서 먹으면 안주로 최고다. 굵게 썬 대구회는 무지개처럼 빛깔이 참 곱다. 대구 인공 수정란 방류 사업을 펼친 덕분에 최근에는 귀한 가덕대구가 제법 많이 잡혀 다행인데, 가덕신공항이 들어서면 또 어떨지 모르겠다.

가덕숭어

가덕도 연근해에서 어획되는 숭어를 가덕숭어라고 일컫는다. 숭어는 모치, 모갱이, 준거리, 목시락 등 지역별로 숭어를 부르는 방언이 100개가 넘는 '이름 부자'다. 숭어는 바닷고기지만 민물을 오간다. 바다에서 태어난 숭어 새끼가 봄이면 큰 무리를 이뤄 민물로 거슬러 올라오는 것이다. 하구언이 생기기 전에는 보리 익을 무렵에 을숙도를 비롯한 낙동강 하구에 어마어마한 숭어 떼가 올라오는 모습이 장관이었다고 한다.

숭어는 한반도 모든 바다에서 잡히지만 가덕도 숭어를 으뜸으로 치는 이유가 있다. 첫째는 가덕도 일대가 낙동강과 바다가 만나 영양분이

가덕숭어

풍부한 천혜의 어장이기 때문이다. 둘째는 가덕도만의 독특한 전통 방식인 '숭어들이(육소장망·六艘張網)'로 잡아서다. 160여 년의 역사를 가진 이 어로법은 어선 6척이 숭어가 다니는 길목에 그물을 넓게 쳐 놓고 기다리다 숭어 떼가 지나갈 때 일제히 그물을 들어 올려 건져내는 방식이다. 가덕숭어를 이런 방식으로 잡으면 숭어의 상처가 적고 스트레스가 덜해 오래도록 싱싱함을 유지한다. 그래서 가덕숭어는 다른 지역보다 육질이 부드럽고 탄력이 있으면서 향긋한 맛이 월등하다는 것이다.

　가덕도에서 봄철이면 숭어가 흔해 숭어로 만든 음식 종류도 매우 다양하다. 직접 건져 올린 가덕숭어 회 맛은 안 먹어보면 모른다. 숭어찜, 숭어조림, 숭어미역국, 숭어수제비, 숭어구이, 숭어전…. 산모들에게는 숭어를 푹 고아 낸 물을 먹였다. 숭어알을 염장(鹽藏) 후 여러 번 건조하면 고급 술안주인 어란이 된다. 숭어로 먹을 수 있는 모든 음식을 다 해 먹는다.

하지만 전통 숭어들이는 마을에서 운영하는 관광객을 위한 체험 프로그램으로 겨우 맥을 이어가는 형편이다. 육소장망도 기계식 들망으로 바뀌고 말았다. 전통 숭어들이를 보존하고 숭어 조리법을 기록해 부산을 대표하는 향토 음식으로 개발할 필요가 있다.

명지대파

부산 강서구 명지동 일대에서 생산되는 명지대파는 우리나라 최고였다. 과거형으로 표현하는 이유는 명지의 파밭이 아파트 숲이 들어선 신도시로 바뀌며 명지대파의 명성이 깨질 위기에 처했기 때문이다. 명지는 과거에 전통 방식으로 갯벌을 이용해 소금을 끓여서 만드는 자염(煮鹽)을 대량 생산하던 마을이었다. 자염은 천일염보다 채산성이 떨어져 1960년대 이후 대부분 염전이 폐전되고 만다. 역대 최악의 태풍으로 기록된 1959년 사라 태풍이 명지 염전을 휩쓸고 간 영향도 있었다. 당시 낙동강 삼각주의 모래톱 섬 중에 남아난 게 없을 정도였다. 염전의 폐허 위에 대체 작물로 심은 것이 대파였다. 『부산역사문화대전』은 일제강점기 때 일본인 파 농장에서 일한 한 농민이 해방 후에 명지에서 파 종자를 뿌려 경작하면서 대파 재배가 시작되었다고 전한다. 명지는 우리나라 근대 대파 농업이 시작된 곳이다. 본격적인 대파 생산은 1960년대부터 시작되었다. 1970년대는 명지대파가 전국적으로 명성을 얻으며, 전국 파 생산의 70% 이상을 차지하기도 했다. 명지대파가

명지대파

이름이 난 데에는 우선 과거에 염전을 할 정도로 소금기가 적당히 함유
된 모래 토양이라는 데서 이유를 찾을 수 있다. 게다가 대파 생육에 적
절한 해풍과 월동을 할 수 있는 따뜻한 해양성 기후라는 대파 생산에
있어서 최상의 요건을 갖추었다. 마지막으로 뛰어난 재배 기술이다. 명
지대파를 재배하는 농민들은 '북을 친다' 또는 '북뚝을 친다'는 말을 한
다. 파가 잘 자랄 수 있도록 파 주변의 흙을 자꾸 북돋워 준다는 뜻이
라. 그러면 줄기의 연백부가 점차 길어지고 맛과 향이 좋은 상품(上品)
이 된다. 명지대파는 파 부위 중 가장 맛있는 부분인 '하부(뿌리 쪽 흰 부
분, 연백부)'가 길고 단단하면서 광택이 난다. 그리고 향이 깊고 맛도 달
다. 한국에선 대부분 대파 위쪽의 파란 잎 부분까지 전부 쓰는 경우가
많다. 외국에서는 대파의 파란 잎 부분은 식감이 상대적으로 좋지 않아
국물 낼 때를 빼고는 사용을 안 할 정도다. 현재는 전라도 대파가 전국

의 생산량 30%를 웃돌고 있다. 전라도 대파, 제주도 대파, 강원도 대파 모두 명지 사람들이 이주해서 기술 이전이 이뤄진 거라고 하니 명지는 우리나라 대파의 본적이나 마찬가지다.

칠암붕장어

칠암붕장어

원래 붕장어는 징그럽게 생겨서 잘 먹지 않다가 일제강점기 때 일본의 영향으로 먹기 시작했다고 한다. 오랫동안 '아나고(穴子)'라고 불리다 점차 제 이름인 붕장어를 찾아가는 중이다. 칠암 마을은 본래 농토가 별로 없어 미역으로 연명하는 빈촌이었으나, 1970년대 방파제 시설과 동력 어선을 갖추고 붕장어 집산지로 명성을 얻게 되었다. 이제는 포털의 지도에도 '칠암붕장어마을(기장군 일광읍 칠암리2-9)'로 나온다. 칠암(七岩)이란 지명은 마을 앞에 옻바위라고 부르는 검은 바위(漆岩)에서 유래했다니 붕장어 색깔과도 잘 어울리는 조합이다. 칠암 마을에는 40여

개에 달하는 붕장어 전문 횟집이 선착장 주변에 모여 국내 최대의 붕장어 횟집 단지를 형성하고 있다.

칠암 마을 주민들은 '칠암에 와야 붕장어회의 진수를 맛볼 수 있다'고 말할 정도로 붕장어회에 대한 자부심을 가지고 있다. 칠암마을 박용주 이장은 "난류와 한류가 만나 물살이 거친 기장 앞바다에서 난 붕장어가 살이 알차고 쫀득쫀득하기로는 으뜸"이라고 자랑한다. 초장과 잘 어울리는 붕장어는 날것을 잘 못 먹는 사람들도 먹기 쉬운 대표적인 회로 꼽는다. 붕장어를 얇게 저미듯 썰어 물기를 충분히 빼면 하얀 쌀밥을 얹어 놓은 것 같다. 그래서 '기장 털털이회'라고도 불린다. 붕장어를 초장에 찍은 뒤 마늘이나 땡초와 함께 상추나 깻잎에 쌈을 싸면 바다와 육지의 완벽한 하모니가 연주된다. 1967년부터 영업을 시작해 '칠암 붕장어회의 원조집'이라는 한 횟집에서는 붕장어회를 4가지(오리지널, 뼈추리고, 통통이, 일반회처럼) 중에서 골라 주문할 수 있다. '오리지널'은 뼈를 제거하지 않은 채 세절기에 두 번 내려 아주 잘게 붕장어회가 썰어 나온다. '뼈추리고'는 완전히 뼈를 추려 버리고 살 부분만 세절기에 한 번만 내려 나오는데, 부드러워 먹기에 편하다. '통통이'는 뼈를 제거하지 않고 살에 촘촘히 칼집을 낸 뒤 먹기 좋은 크기로 썰어 나온다. '일반회처럼'은 살 부분만 얇게 펴내 일반 생선회처럼 나온다. 이 같은 전문성을 바탕으로 전국적으로도 유명한 '칠암 붕장어'라는 지역음식 브랜드가 생겨났다. 붕장어 횟감을 준비하고 남는 머리와 내장은 매운탕으로 끓여 먹는다. 기장 지역에서는 여기에 곧잘 말미잘도 넣는다. '바다의 십전대보탕' '용봉탕'이라고도 불린다. 말미잘의 꼬들꼬들 씹히는 식감이 아주 그만이다.

부산문화재단 사람 · 기술 · 문화총서 ⑨
부산을 담다 팔도를 품다 부산의 음식
ⓒ 2022, 부산문화재단

초판 1쇄 발행 2022년 12월 20일
기획   부산문화재단 기획홍보팀
발행처   부산문화재단
            48543 부산광역시 남구 우암로 84-1 (감만동)
            T. 051-744-7707 F. 051-744-7708   www.bscf.or.kr
글쓴이   김미주 김성윤 김정화 김준 김한근 나여경 박상현 박정배 박종호 박찬일 박희진
            반민순 배길남 양용진 오지은 이욱 이춘호 최원준
편집위원   김한근 박희진 반민순 배길남 오지은 최원준
책임편집   김정 김지혜
제작 및 유통   도서출판 호밀밭
출판등록   2008년 11월 12일 (제338-2008-6호)
            부산광역시 수영구 연수로 357번길 17-8
            T. 051-751-8001 F. 0505-510-4675 homilbooks.com